RAYMOND NAUZIÈRES

LE SIDOBRE

1905

Seul Dépositaire

PRIX 1f

ARTHÉS FRÈRES

Raymond NAUZIÈRES

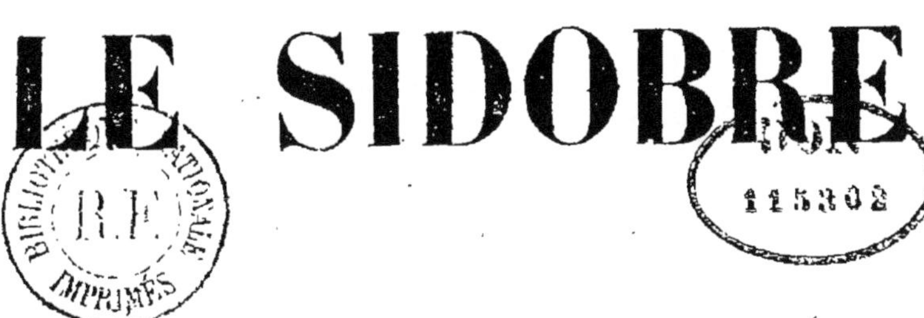

LE SIDOBRE

PRÈS CASTRES

(TARN)

Castres. — Imp. du Progrès, F. Monsarrat.

LE SIDOBRE

Borel, médecin à Castres en Haut Languedoc, a écrit, vers 1650, la plus ancienne description du Sidobre que nous possédions. Les rochers de ce plateau granitique, dit-il, « sont autant de merveilles. » Mais l'auteur déplore que « par mauvaise coustume estable de toute ancienneté nous méprisions « les choses que nous possédons et recherchions avec ardeur celles qui sont reculées de nous. »

Je suis heureux de constater que la « mauvaise coustume » tend de plus en plus à disparaître ; il est fâcheux que les dites « merveilles » disparaissent dans des proportions bien plus considérables et malheureusement inquiétantes.

Le rocher de « Peyro Poul », qui d'après Borel « ressemblait à un coq mangeant », a été détruit. Certains blocs décrits par A. Dumége en 1820 ont eu le même sort. « Peyro-Clabado », ce « clou » du Sidobre, doit à un arrêté pris par la municipalité de Lacrouzette en 1872 (ou à un autre antérieur) de ne pas avoir été depuis longtemps transformée en bordures de trottoir ou en bornes kilométriques.

Pourquoi ne prendrait-on pas, en faveur des sites les plus caractéristiques ou des blocs les plus intéressants de la région, les mêmes dispositions que l'on a prises pour « Peyro Clabado » ?

Je connais assez le Sidobre et ses habitants. Pour le cultivateur, le roc est l'obstacle à la charrue, l'impédimentum dans le champ. Ce serait aussi l'objet maudit qui attire le touriste, qui, pour mieux voir, pourrait piétiner la maigre récolte. Mais, au Sidobre, par un heureux hasard, les principales curiosités sont placées au bord des chemins, dans les landes ou dans les bois. Pour être tout à fait exact je dirai que l'une d'elles (1) se trouve au milieu d'un pré constamment inondé avant la fenaison ce qui la rend alors inabordable. On ne risque donc pas, en visitant le pays, d'abîmer l'héritage d'autrui.

*
* *

L'étymologie, plus ou moins fantaisiste, qui dérivait le mot Sidobre du latin « sine opere » montre du moins que le travail de la terre n'a jamais été bien actif sur notre plateau ; aujourd'hui encore, le paysan, las de cultiver un sol généralement aride et ingrat, prend plus volontiers le métier plus rémunérateur de carrier. Ils sont légion au Sidobre Je connais beaucoup de ces bons et intéressants travailleurs ; je leur dois même une masse de renseignements. Je crois pouvoir affirmer qu'en les priant de respecter tel ou tel rocher, on ne porterait d'abord aucun préjudice à leur industrie (ils ont du granit à débiter pour des siècles) et que cette mesure ne serait trouvée par eux nullement vexatoire. En établissant son chantier 10 ou 20 mètres plus loin, le brave gars sourirait peut-être en pensant au « billandrés » ou au « franchiman » qui s'intéresse à la forme ou à la position d'un roc dont lui n'apprécie que le grain.

---

(1) Deux, en comptant le rocher tremblant de Calmejeanne, moins intéressant et moins visité que celui de la Fusarié auquel je fais allusion.

Maintenant ces blocs sont-ils réellement intéressants ? J'essaierai de faire du Sidobre une description la plus exacte possible. Le lecteur se prononcera (1).

Situation — Curiosités

Le Sidobre est un plateau granitique (650 mètres Alt. moyenne) isolé au centre de terrains généralement schisteux. Il se trouve à l'Est-Nord-Est de Castres, à huit kilomètres de cette ville. Sur une carte de la région on pourrait lui donner pour limites une ligne passant par Burlats, Lacrouzette, Théroudel, Guior, St-Salvy, Malacan et Lafontasse ; on circonscrirait ainsi un espace relativement restreint (environ 8 k. N.-S. ; 10 k. E.-O.) mais où abondent les curiosités naturelles : chaos ou rivières de rochers, rochers tremblants, rochers fixes aux formes bizarres et variées, groupements de roches présentant parfois les superspositions les plus invraisemblables.

Le Sidobre possède en outre, les beautés habituelles aux pays de montagne : magnifiques horizons, gorges profondes et pittoresques.

Entouré au Nord, à l'Est et au Sud par de profondes et sauvages vallées, le plateau offre, au dela de ces grandes coupures, des vues superbes sur les montagnes qui bornent son horizon : les monts de Lacaune, de l'Espinouse et la montagne Noire, derrière laquelle se dessine, par un beau temps, la chaîne presque entière des Pyrénées. A l'Ouest se déroule la plaine fertile

---

(1) La plupart des historiens et des géographes du pays ont consacré quelques pages au Sidobre. Ils nous ont laissé, avec un grand nombre d'erreurs, plus d'un renseignement curieux que je ne manquerai pas de citer à l'occasion. Il est à remarquer qu'ils ont donné de la partie Ouest seulement une description assez complète et détaillée ; c'est en effet celle dont l'accès était autrefois le plus facile et récemment c'était encore la plus souvent visitée. On commence à s'apercevoir que ce n'est pas la plus intéressante.

que l'on aperçoit jusqu'au delà du col de Naurouze.

Ainsi encadré, le Sidobre présente l'aspect d'un coin de Bretagne égaré dans notre Midi.

Disons enfin qu'on pourra visiter, chemin faisant, de remarquables curiosités archéologiques et monumentales.

*
* *

Pour plus de clarté dans la description, quelques définitions me paraissent nécessaires.

On nomme dans le pays « chaos » ou « rivières de rochers » (« Compayré » en patois local) une étrange trainée de blocs granitiques de formes arrondies et lisses qui semblent avoir roulé les uns sur les autres, emplissant de leur amoncellement le fond d'un ravin, et recouvrant le ruisseau que l'on entend bruire ou gronder tout au fond. Parfois, on trouve, au-dessous des rocs amoncelés, des vides assez vastes désignés dans la contrée sous les noms de « chambres », « balmes », « couloirs », « grottes ».

La voûte en est formée par des rocs superposés s'encastrant les uns dans les autres.

Pour les touristes qui ont visité la Bretagne, je comparerai ces chaos aux roches du Ménage de la Vierge ou à celles du Moulin d'Huelgoat.

Le caractère propre des chaos du Sidobre c'est leur étendue Le Lézert, par exemple, qui sort déjà de dessous une rivière de rochers en amont de la Caxalarié, disparaît sous un premier chaos au moulin de la Sigarié, arrose sur 200 mètres environ les prairies du Lac et rentre au moulin de Sirventou sous sa carapace de pierres qu'il ne quittera qu'au moulin de Lézert. La distance du moulin de la Sigarié à celui de Lézert est de 4 kilomètres.

On peut évaluer à 25 environ le nombre de ces chaos. Les principaux sont ceux de la Balme, de la Roquette, du moulin de Las Hortés, du Roc, du moulin de la Resse etc. etc. A signaler en dessous de Thérondel, un éboulis de roches, unique en son genre au Sidobre, et semblable à ceux de Gavarnie, nommé « la Poutsado dal Diablé »

*
* *

Les rochers tremblants, presque tous surprenants par leur forme ou leur volume, sont posés chacun en équilibre sur un autre rocher, rarement sur deux. Leur équilibre est à la fois si solide et si fragile qu'en appuyant à tel ou tel point du rocher, d'une façon relativement faible mais graduée, c'est-à-dire en suivant le mouvement du bloc et en n'effectuant la pression que quand il a fini de décrire son arc de cercle, on peut leur donner un mouvement d'oscillation parfois très marqué.

Seule, l'énorme masse de Sept-Faux nécessite généralement l'emploi d'un levier.

Les rochers tremblants ne sont pas rares en France. On cite celui d'Huelgoat, qui ressemble à notre rocher de Lascombes et celui de Ploumanach en Bretagne ; de Fermanville (Manche) ; de Livernon (Lot), porté comme notre Maurel par deux rochers ; de St-Estèphe (Gironde) ; d'Uchon, près d'Autun ; de Veix (Corrèze) ; on en signale aussi dans le Puy-de-Dôme et dans l'Isère ; je doute qu'aucune contrée en contienne un aussi grand nombre que la nôtre. Pour ma part j'y en connais vingt-cinq et plus. (1).

*
* *

Avant de passer à leur description détaillée et à celle du pays qui les contient,

---

(1) Vingt-cinq en ne comptant que ceux au moins aussi volumineux et aussi curieux que Le Rocher tremblant d'antique célébrité.

Vingt-neuf seront décrits dans le courant du récit. Le Trentième, non encore reperé, m'a été récemment indiqué vers Pouloye.

il faut aborder un sujet bien délicat ; l'explication de l'aspect actuel de la région De tout temps ce problème a intrigué les visiteurs du Sidobre et aujourd'hui même nos géographes et géologues ne sont pas entièrement d'accord à son sujet.

Une idée qui s'imposait tout naturellement en face des combinaisons paradoxales de roches en équilibre, était celle d'un arrangement artificiel. « Nous ne saurions « attribuer au hasard, dit Nayral, les phé« nomènes que présentent ces masses « granitiques.. Plusieurs de ces pierres ne « peuvent avoir été érigées en monument « que par le concours des forces réunies « de plusieurs populations. » C'était aussi, vers 1820, l'opinion de Dumège dans son mémoire sur les monuments Celtiques du Département du Tarn (1) : « En les points « les plus élevés quelques-uns de ces blocs « ont été posés d'une manière monumen« tale ». « Il croit que l'on peut voir en eux « quelques-uns de ces objets extraordinai« res qui servaient au culte des premiers « habitants des Gaules ». A propos de rochers tremblants « posés sur deux points d'appui », il fait remarquer que « l'on retrouve » (assez souvent) « le nombre ternaire pour « lequel tant de peuples de l'antiquité ont professé un si grand respect. » 2).

---

(1) Voir Revue du Tarn, tome IV, p. p. 212 et suivantes.

(2) Dumège ne connaissait pas les énormes rochers tremblants de Sept-Faux et de Campsoleil. Il n'aurait pas, je crois, manqué de citer à l'appui de sa thèse, les *trois* rochers de forme similaire dont deux oscillent, qui, reposant sur une même base, assez élevée de granit se trouvent à 50 mètres à l'Est du premier de ces rochers tremblants, celui de Sept-Faux. Et quand il parle de *trois* autres pierres « placées d'une manière monumentale », qui, elles aussi de forme similaire, reposent sur un bloc de granit assez élevé, il aurait attiré notre attention sur une nouvelle coïncidence : le groupe est en effet situé à 50 mètres vers l'Est du second rocher tremblant, celui de Campsoleil — Un seul des trois rochers oscille ; Deux sont fixes ; et leur ensemble évoquerait le souvenir du Ternaire druidique.

Il faut rapprocher enfin de cette opinion une phrase d'Henri Martin : « Les pierres branlantes, dit-il, si elles n'étaient pas une combinaison druidique, servaient toujours pour une sorte de Jugement de Dieu... On interrogeait les forces secrètes de la nature sur les secrets de la vie humaine ». Ceux qui auront un faible pour cette théorie ne manqueront pas de remarquer au pied des rochers tremblants de Sept-Faux, Campsoleil, La Fusarié un bloc de pierre qui semble placé tout exprès pour appuyer un levier au point précis où doit s'exercer la pesée. Il y a même derrière celui de Campsoleil des blocs qui pouvaient cacher... l'« Oracle ». Avec de l'imagination ils pourront aussi voir à Cannaut ou à la Fusarié des dolmens. Dans la répartition de certaines masses sur les points culminants, dans le groupement de certains blocs ils découvriront des ressemblances et des symétries singulières.

*
* *

De bonne heure, cependant, l'hypothèse d'une formation naturelle a eu ses partisans. Massol, déjà, explique à propos des chaos que, « la terre du Sidobre étant des « plus légères, a été emportée par le vent « et les pluies, et que les rochers, mis à nu, « ont roulé dans le précipice » (1). C'est sous une forme simple, le résumé de la théorie de l'érosion qui a rapidement détrôné celle des monuments celtiques. Le Sidobre ne serait qu'un cas de plus à ajouter à la liste de tous ceux où l'influence

---

(1) Massol, dit A. Dumège, aurait profité des descriptions données par Borel et Marcorelle et surtout des travaux de M. Daudun ingénieur en chef du Tarn. Borel, lui-même, d'après Nayral, se serait inspiré de Guillaume de Nautonnier Seigneur de Castelfranc qui aurait fait une première description en 1603, disparue depuis.

Il en est encore ainsi de nos jours. Pourtant le Sidobre est actuellement très abordable.

des agents extérieurs, pluies, ruissellement, eaux courantes, vent, a été essentielle sur le modelé d'une région.

Quoique le granit soit une roche excessivement compacte, certains des cristaux qui le composent, le feldspath par exemple, se changent facilement en argile, sous l'influence des eaux. Il reste alors une sorte de sable, « l'arène », que le ruissellement entraîne peu à peu jusqu'à mettre à nu le noyau plus résistant de la roche. De l'inégale dureté du granit proviennent les cavités (écuelles, niches) ou les saillies étranges que l'on remarque. Aux éboulements successifs sont dûs aussi les chaos, agglomérations ou superpositions de roches. Un argument assez précis à invoquer en faveur de la désagrégation produite sur place est que, dans le Sidobre, le sol est principalement formé de détritus résultant de la décomposition du granit.

Exacte dans ses grandes lignes, cette explication n'est peut-être pas entièrement satisfaisante. On lui a parfois opposé une autre théorie qui voit dans nos rochers des blocs erratiques et attribue le modelé du terrain à l'action d'un ancien glacier. Les énormes blocs de la Balme pourraient bien avoir été portés par les glaces et dans certains rochers, en particulier les nombreuses « chaires » des trois grottes du chaos de la Roquette, on pourrait reconnaître des fragments de marmites glaciaires. Mais on a tiré argument surtout de la topographie du Sidobre. (1).

L'examen des cotes de niveau, a-t-on dit, permettrait d'affirmer que les débris d'une moraine auraient été dispersés absolument comme on les retrouve actuellement. « La « répartition des blocs sur la surface du

---

(1) Voir Revue du Tarn, Tome IV, P. 164 et suivantes.

Lire aussi « Etude géologique du Sidobre » A. Caravene Cachin. Commission des Antiquités de Castres (1878-79 Tome IV. mémoire 13.

« sol est faite suivant un éventail dont le « centre » (Région Sept-Faux) « serait à la « partie supérieure du terrain où les élé- « ments d'une moraine auraient été disper « sés et dont les rayons suivraient presque « régulièrement les lignes de plus grande « pente, s'allongeant d'autant plus qu'ils « suivent la déclivité générale du terrain et « l'accumulation des blocs diminuant à « mesure que dans la partie inférieure du « sol naturel ils s'éloignent davantage du « centre de dispersion en masse... L'explo- « ration de la région Sud du Sidobre per- « met d'examiner des phénomènes qu'une « désagrégation locale est insuffisante à « expliquer complètement. »

Je me garderai bien de conclure. En livrant à mes lecteurs les éléments de la discussion, je ne désire que les engager à résoudre eux-mêmes le problème quand ils iront visiter le Sidobre. Ils ne manqueront pas alors de faire leur choix entre les trois théories. Peut-être trouveront-ils quelque chose à retenir de chacune d'elles ; peut-être en découvriront-ils une quatrième. Peut-être même, et c'est ce que je leur souhaite, se contenteront-ils de voir de belles choses sans se soucier des systèmes qui s'efforcent de les expliquer.

Aspect général

Sur la carte de notre région granitique, décrivons, par la pensée, si vous voulez, une ellipse ayant pour grand axe la ligne Burlats, Guior et pour petit axe la ligne Thouy, Sardagne. Nous circonscrivons ainsi plus étroitement les principales curiosités. A peu près aux foyers, à l'Est et à l'Ouest, se trouvent les deux plus beaux groupes de rochers tremblants, au nord les plus belles agglomérations et les plus curieuses superpositions de roches : au Sud les plus beaux chaos. Ceci dit pour donner en quelques mots un aperçu général du Sidobre.

Il est bon toutefois de recommander aussi au touriste, l'excursion dans la vallée de l'Agout jusqu'à Ferrières. Peu après Luzières, jusqu'à ce village, on remarque sur le versant Sud des monts de Lacaune comme sur les pentes de la rive gauche qui dévalent du Sidobre une région granitique d'un aspect généralement différent de celui du plateau et par cela même intéressante à visiter.

La vieille route de Castres à Brassac traverse le Sidobre dans sa plus grande étendue de l'Ouest à l'Est. De Castres (156 m. d'Altitude jusqu'à la ferme de Missècle (367 m. A.) c'est d'abord la plaine fertile ; puis les premières pentes bien cultivées du plateau. A partir de cette ferme on remarquera au milieu des champs des bois et des landes, des blocs énormes de granit présentant souvent les formes les plus bizarres ou des groupements du plus curieux effet. Avant et après le village de la Fontasse, la route traverse des bois, surtout des taillis. Il faut arriver à Verdeaux (511 m. A.) pour apercevoir au Nord quelques hautes futaies. Les cultures deviennent plus rares à mesure que l'altitude augmente. A la Trivalle (587 m. A.) la bruyère semée de rochers succède aux bois.

Le paysage est triste, désolé, grandiose aussi et rappelle tout à fait par moments les landes bretonnes. Tel était autrefois l'aspect de la plus grande partie du Sidobre. C'est ainsi que l'ont connu ceux qui ont fait les premières descriptions du plateau. Mais de nos jours, un propriétaire intelligent a eu la bonne idée de tenter le reboisement des landes et, devant les résultats obtenus, beaucoup ont suivi son exemple.

Le sol, pulvérulent, profond, très frais, avec une légère couche de terre de bruyère reposant sur les détritus de granit, n'est guère propice aux cultures. Sur quelques points plus favorisés, dans les vallons, on voit des prairies et quelques champs.

Après avoir laissé à 200 mètres environ vers le Nord le hameau de Sept-Faux, la route passe près des points culminants du plateau (706 près Cabrol et 705 près Gabaude) puis descend vers Vialavert (677 m. A.) où se retrouvent les bois de chênes.

Gaches, dans ses mémoires, raconte qu'en 1587, le capitaine Bessières, se rendant à ses propriétés de la montagne, fut assassiné là par un de ses anciens soldats originaire de Cambounés. Il ajoute que l'escorte de cet officier n'osa poursuivre le meurtrier dans les bois. Ce qui indiquerait d'abord que le chemin suivi à cette époque ne devait guère différer du tracé de la route actuelle et de plus que si cette partie du Sidobre a gagné au point de vue de la sécurité, elle n'en présentait pas moins à cette époque un aspect semblable à celui de nos jours. Massol, en 1818, signale à Vialavert « une belle futaie de sapins ».

Après Fauffarrat (695 m. A.), le site change ; on aperçoit une suite de belles vallées encaissées entre les montagnes et offrant leurs cultures spéciales. Le sarrazin (blé noir) et le seigle remplacent le blé ; la pomme de terre, le maïs. On traverse ainsi le plateau dans sa plus grande largeur.

Vers l'Agout, en amont de Lacrouzette, comme vers la Durenquse, autour de St-Salvy ; les pentes sont très rapides, ces deux gorges très pittoresques possèdent de très beaux chaos et d'admirables points de vue sur les monts de Lacaune et de l'Espinouse.

Trois cours d'eau, le Lignon, le ruisseau d'Aiguebelle et le Lézert traversent le plateau de l'Est à l'Ouest. Leurs eaux qui prennent naissance à des altitudes variant entre 650 et 700 mètres, sont souvent cachées sous des rivières de rochers mais elles sont retenues aux parties les plus déclives du plateau par des chaos plus importants d'où elles s'échappent en des chutes du plus bel effet pour aller retrouver le niveau de la périphérie (200 m. environ) et se jeter dans l'Agout.

La vallée du Lignon n'est qu'une immense lande, surtout dans sa partie supérieure. Celle d'Aiguebelle est une suite de petites prairies encadrées de hautes futaies. Celle du Lézert est la mieux cultivée du plateau.

Visitons maintenant les points les plus intéressants de ces vallées et les principales curiosités qu'elles contiennent.

Vallée de l'Agout

L'Agout jusqu'à Ferrières (1) coule dans des gorges fort pittoresques. La vallée s'élargit un moment à Brassac mais pour reprendre un aspect plus sauvage et plus pittoresque encore en arrivant à Ferrières.

Il faut visiter là les ruines imposantes d'un château de style Renaissance.

Guillaume de Guillot, seigneur de Ferrières, dont on ignore les origines, fit construire le chateau sous le règne de François 1er ; on peut y voir encore, en effet, les médaillons fort bien conservés de ce roi et de Claude de France, qui font pendant à ceux du chatelain et de sa femme Anne du Maine, fille de Pierre du Maine, sénéchal de Castres.

Guillot joua un rôle prépondérant dans le pays pendant les guerres religieuses de la fin du XVIe siècle. De 1502 à 1575, on le trouve à tous les combats, luttant vaillamment à la tête des huguenots de la monta-

---

(1) Le nom de ce village vient des « moulines « ferrières qui étaient en dessous des grands et beaux « bois de Belfortès et Thésoliés » (situés à l'Est et à l'Ouest de cette localité,) dont parle Gaches dans ses mémoires (XVIe Siècle).

L'industrie du fer était autrefois très prospère dans nos montagnes ; on y fabriquait même du bon acier. Castelnau était renommé au XIVe Siècle pour ses « plattes garnies à l'épreuve et à l'essai d'un poignard à fine lame et du trait d'un arbalète d'un pied ». (Revue du Tarn X). On signale à Brassac au XVIIe Siècle, un habile graveur qui était aussi un remarquable arquebusier. (Revue du Tarn II).

Cette industrie n'est pas complètement disparue et les excellents couteliers de la montagne pourraient bien avoir conservé les vieux procédés d'autan.

gne. Trois fois il participe aux prises de Castres en 1562, 1567 et 1574 et trois fois il est élu gouverneur de cette ville. Il mourut dans ses fonctions en Mai 1575

C'est à Guillot qu'est attribué un mot devenu dicton populaire dans le pays. Selon le récit d'un contemporain, il s'emparait de Castres en 1567 et, surprenant dans son lit l'évêque, qui n'avait guère ménagé ses coreligionnaires, il lui dit : « *Boun joun, Moussu, si bous nous* « *faüssets bengut, nou bous sérien pas* « *anats querre. Tal cujo guilla Guillhot* « *que Guillhot lou guillo.* » (1)

Guillot eut six filles. L'aînée, Marguerite, se maria en 1566 avec Michel de Bayard, seigneur de Briaille, originaire du Bourbonnais. La seigneurie de Ferrières passa à cette famille.

Les seigneurs de Ferrières possèdaient en paréage avec Jean de Nadal ou acquirent vers 1619 la seigneurie de Lacrouzette ; en 1675, il achetèrent celle de Burlats. Mais tous ces fiefs furent successivement vendus et le dernier descendant mourut dans la misère au commencement du dernier siècle. Déjà en 1661 le prince de Conti se trouvait seigneur de Ferrières « en qualité d'engagiste. » (2)

« En 1685, dit Dom Vaissete, (3) à l'époque « des mesures militaires qui avaient pour « but d'accélérer la conversion générale, le « maréchal de Noailles avait fait occuper « le château de Ferrières par quatre com- « pagnies et l'usage s'était depuis perpétué « d'y mettre garnison dans les temps de « troubles. Le roi faisait payer à son pro- « priétaire » (L. de « Bayard) « une somme « de 1200 livres. »

Quelques faits historiques tirés par Monsieur E. J. des archives communales et

(1) Bonjour Monsieur, si vous n'étiez venu nous ne serions pas allé vous chercher. Tel qui croit tromper Guillot est trompé par lui

(2) Histoire du Languedoc Tome XII.

(3) Histoire du Languedoc, Tome XIII.

départementales (1) nous édifient sur la façon dont les missionnaires bottés et le clergé se chargaient d'« accélérer les conversions. »

Au commencement du siècle suivant, en 1703, le château de Ferrières fut pris par les Camisards. Béaton, un des lieutenants de Cavalier, à la tête de 600 hommes du Rouergue s'empara du château et se défendit avec une telle valeur que le chef des troupes royales lui offrit un armistice que Béaton accepta.

« En 1707, afin de mieux surveiller les « protestants du pays castrais, il fut décidé « qu'une garnison fixe de troupes royales « serait établie au château de Ferrières. ..
« Le 22 janvier 1708 le conseil d'Etat auto- « risait, l'acquisition du château par les « Etats du Languedoc...... Ce château ap- « partenait à un gentilhomme nommé « Bayard de Lacrouzette qui reçut après « expertise 21.500 livres.... Le château « conseva toujours depuis un gouverneur « et servit de Prison d'Etat. » (2)

Jusqu'au milieu du XVIIIe siècle, l'antique demeure de Guillot devient un lieu de détention pour ses correligionnaires. Après cette époque le château reçut des prisonniers sur lettre de cachet. En novembre 1775, lors de l'enquête ordonnée par Malesherbes quand il voulut obtenir de Louis XVI l'abolition des lettres de cachet, on trouva à Ferrières quatre hommes prisonniers d'Etat.(3)

En 1780, le gouverneur du château fit faire de très importantes réparations sous la direction de Dacher, architecte à Carcassonne, qui en dressa le plan.

---

(1) Revue du Tarn (Tome IV).
Voir aussi dans le Tome VII de la même revue un article sur Lacrouzette qui pourra donner une idée de la « conversion générale ».
Il y avait au début du XVIIe Siècle dans la paroisse de Lacrouzette un seul catholique ; le curé On a dû opérer là comme à Ferrières à raison de 650 abjurations en 3 jours (1685).

(2) Histoire du Languedoc (Tome XIII).

(3) Revue du Tarn (Tome IV).

En 1792, la compagnie des vétérans quitta le château qui fut désarmé, puis vendu le 14 messidor an IV, 10.800 fr. « bien qu'il fût en bon état ». On donna à l'adjudicataire un délai de deux ans pour raser les bâtiments au niveau du sol ; les tours devaient être de suite abaissées au niveau de la toiture. Un changement de gouvernement fit que cette clause seule fut exécutée et l'autre en partie seulement (1).

Le château présentait, à cette époque la forme d'un hexagone irrégulier flanqué de six tours. Il est actuellement démantelé — Les fossés sont comblés. — Les deux tours à l'ouest sont en partie, détruites. — La partie nord est absolument rasée. — Seul, l'angle sud de la cour d'honneur, où se trouve l'ornementation la plus riche et la mieux conservée, permet de se rendre compte de l'état primitif du monument. Une large frise, couverte de rinceaux, court sous le toit. Des cordons de moulures d'un style excellent tracent de longues lignes horizontales à la hauteur de l'appui des fenêtres et de la séparation des étages. Des pilastres les coupent verticalement ; ils nous présentent une superposition des trois ordres, assez librement imités : dorique en bas, ionien au milieu, corinthien en haut. Dans les rectangles ainsi tracés, s'encadrent les fenêtres, généralement à croisillons, quelques-unes particulièrement ornées. Sous celle qui porte les quatre médaillons déjà cités, s'élève une double porte ; l'une de ses deux arcades en plein cintre, à claveaux vermiculés, est protégée par un entablement dorique ; le fronton supporte trois enfants nus en haut relief Sur une autre porte, d'ordre rustique, à tambours et bossages vermiculés, de grands bas-reliefs — attributs et figures allégoriques — garnissent le nu du mur.

Dans la grande salle comprise dans les

(1) Revue du Tarn E. J. Tome IV.

bâtiments Ouest se voit une belle cheminée. On peut aussi visiter en dessous de l'auberge qui s'est logée dans les bâtiments du Sud (et où se trouve aussi une curieuse cheminée), l'ancien réservoir d'eau actuellement transformé en écurie. Tout à côté est un cachot : le Trou de l'Enfer. Dans chaque tour encore debout, se distinguent trois cachots superposés.

Dans ce pays ruiné, ravagé, anéanti par plus d'un siècle de guerres de religion, le château de Ferrières est un des rares monuments intéressants et sa visite ne peut qu'être recommandée aux touristes qui disposent de deux jours pour voir le Sidobre et la vallée de l'Agoût.

De Ferrières on peut descendre directement anx moulins du château, qui étaient sur la rive droite, par l'ancien chemin seigneurial, au lieu de suivre les nombreux lacets que décrit la route pour atteindre le pont de Ferrières (Tout à côté et en aval de ce pont un grand trou carré creusé dans le roc indique la place de l'ancienne passerelle. Non loin de là, près du hameau de Ricard, un autre chemin d'un dallage analogue à celui du précédent conduisait aux pâturages de Guior (dont jouissaient, depuis un arbitrage qui eut lieu en 1404, les habitants de Ferrières) (1)

De ce pont, en aval surtout, on a une vue superbe sur la gorge de l'Agoût. On est surtout frappé de retrouver là. sur le versant Sud des Monts de Lacaune, des roches polies et moutonnées absolument comme celles de quelques hautes régions des Pyrénées. Le granit se présente en bancs striés. Y reconnaîtra-t-on l'action de l'eau « ce grand sculpteur du granit ? » Y verra-t on un des aspects caractéristiques du modelé glaciaire ?

---

(1) Les arbitres reconnurent aux habitants de Ferrières le droit de faire pâturer leurs bestiaux dans les bois et les terres de Ste-Marie de Guior, droit réclamé par les seigneurs de Brassac de Castelnau.

(Revue du Tarn IV. Archives Préfectorales).

Un sentier, sur la rive droite, conduit vers l'Ouest, aux ruines du Castellas de la Vialasse, restes d'une léproserie selon les uns, beffroi de l'ancien château d'après les autres. Ce pan de mur ne vaudrait pas la peine d'être visité si l'Agout ne formait au-dessous, vers le Nord-Ouest, deux chutes du plus bel effet.

Sur le rocher qui forme la première chute, reposera un barrage devant fournir à une usine (elle sera située, dit-on, non loin du pont de Luzières,) la force motrice nécessaire pour produire l'électricité qui actionnera le futur chemin de fer de Castres à Murat (1)

Le ruisseau de Sécun paraît être la limite Est de la région granitique du Sidobre intéressante à visiter. Le ruisseau de la Salle ne présente aucun intérêt — Des ruines de la Vialasse, on aperçoit sur la rive gauche un minuscule chaos

Plus loin sous Thésauliès, un éboulis de roches rappelle les chaos de Gavarnie ; on le nomme la « Poutsado d'al diablé » : (« poutsado » en patois signifie le contenu de la poche.) A en croire la légende, le diable, voulant faire un pont de Thésauliès à Peyremouyrou lança là tous ces rochers pour commencer son œuvre.

Sur la rive droite, à 2 k. de Ferrières, la route traverse le chaos du Suc de la Barthe. Tout à côté un sentier, par le bois des Rives, où se trouve le petit chaos des « Escaliers », dévale au pont de Luzières.

Là encore un magnifique point de vue sur la gorge de l'Agout s'offre au touriste : les eaux bouillonnent entre les blocs de rochers en formant une série de charmantes cascatelles.

Si de Ferrières on a suivi la grande route qui passe à Thérondel, en descendant les lacets de Luzières on peut admirer en face, sur la rive gauche, le beau chaos de Sécun.

---

(1) On obtiendrait ainsi une force de 6000 chevaux; ce projet est actuellement remis à une date ultérieure.

Depuis le pont de Luzières, jusqu'auprès de Lacrouzette, la gorge de l'Agout déroule une suite ininterrompue de paysages superbes Sur la rive droite apparaissent de rares cultures. La rive gauche est boisée en partie et semée de blocs remarquables par leur masse ou l'étrangeté de leur position.

Après le chaos de Sécun, la route traverse successivement six chaos peu importants et monte en pente douce. — Tel hameau, telle ferme se présentent perchés au sommet d'un monticule qui paraît inaccessible. Tel autre semble perdu au fond de la vallée. Les brusques laçets de la route ménagent des points de vue sans cesse renouvelés — Un des plus beaux est celui que l'on découvre au tournant de Thouy. Trois chaos d'inégale importance se réunissent près du moulin de las Hortés Celui de l'Est dit de « Foulettou » est le plus remarquable. — De ci de là pointent d'énormes rochers ou des entassements aux formes suprenantes, et un peu avant la Ramadié, une vaste échappée de vue s'ouvre vers Montredon. La route atteint le plateau trop vite au gré du touriste qui abandonnerait à regret tel de ces admirables décors s'il n'était aussitôt captivé par quelque nouvelle découverte. Le point de vue du tournant de Thouy, pas plus que le panorama final ne peuvent lui faire oublier toute une série de détails admirés en route.

L'Agout s'éloigne pour décrire une boucle très prononcée vers Roquecourbe ; la route coupe au plus court par Lacrouzette, vieux bourg qui possédait libertés et privilèges dès 1403 ; elle ne retrouvera la rivière qu'auprès de *Burlats*

Ce vieux bourg, aussi bien par son site que par ses monuments, est tout à fait remarquable.

Il est bâti tout au fond d'une profonde vallée schisteuse qui a rappelé à certains touristes les paysages les plus vantés des Ardennes. C'est le but de promenade favori des habitants du Castrais, qui, aux beaux jours, s'y rendent en joyeuses bandes, arroser de « blanquette » ses fraises renommées.

Si l'histoire de Ferrières ne date que de la Renaissance, celle de Burlats en revanche nous reporte aux premiers siècles du moyen âge. En 974 St-Pierre de Burlats est cité pour une donation dans le testament de Garsinde, veuve de Raymond III (surnommé Pons) comte de Toulouse.

Qu'était alors cette église ? Probablement une obédience ou un prieuré dépendant de la puissante abbaye bénédictine fondée à Castres en 673 et à laquelle Charles le Chauve donna des privilèges en 844.

Peu avant cette date, en 918, Bernard, Viguier des comtes de Toulouse se déclara vicomte d'Albi ; de lui descendent les Trencavels qui furent la plus puissante famille féodale du Midi après celle de leurs anciens suzerains.

Pendant plus de trois siècles, jusqu'à la fin de la guerre des Albigeois, Burlats appartient à cette famille et plusieurs actes signés par eux et datés de ce lieu laissent supposer qu'ils l'habitaient de préférence à la sombre Tour Caudière à Castres, où étaient les archives et leur appareil de Justice.

C'est eux qui ont fait construire le vieux château de Burlats mais aucun document historique ne permet de préciser une date.

En 1118, Bernard Aton IV, 7e vicomte d'Abi et autres lieux, se disposant à aller en Espagne combattre les Maures avec le roi d'Aragon, désigna à sa femme Cécile de Provence par testament, dans le cas où elle voudrait vivre séparée de ses fils, plusieurs fiefs : le territoire entre l'Agout et le Thoré et le village de Burlats (1) entre autres

---

(1) Raymond Trencavel confirma en 1160 les privilèges que dès le commencement du XIIe Siècle les Vicomtes d'Albi avaient accordés aux habitants de Castres.

(Dom Vaissete V col 1236).

Six ans plus tard, Cécile fonde le monastère d'Ardorel dans le Causse. Faut-il conclure de là que château et prieuré étaient construits à cette époque à Burlats ? Cette opinion serait pour le moins hasardée.

D'autre part une tradition attribue à la reine Constance la fondation de l'église romane de Burlats. On oublie d'ailleurs d'ajouter quelle reine Constance a été la fondatrice. Le roi Robert en 1030 et Louis VII en 1154 vinrent à Castres « honorer » les reliques de St-Vincent que possédait l'abbaye bénédictine mais aucun document ne fait mention d'un don fait par Constance de Provence ou Constance de Castille, ou en leur nom, en faveur de St-Pierre de Burlats.

Constance de France. comtesse de Toulouse, après avoir assisté en 1165 au concile de Lombers « se rendit dans un village, en la maison d'un chevalier ». ainsi qu'elle l'écrit à son frère Louis le Jeune, peu avant d'être répudiée. Cette même année elle se trouve à la cour ; puis en 1173 elle est à Jérusalem. Le clergé tenta sans résultat une réconciliation avec son mari et l'on croit qu'elle se retira à Notre-Dame de Soissons Constance, c'est encore la tradition qui parle, séjourna pourtant à Burlats Elle y aurait mis au monde Adélaïde « qu'on appelait comtesse de Burlats, parce qu'elle était née dans le château » (1).

Le nom d'Adélaïde est resté populaire jusqu'à nos jours probablement à cause des vers que lui dédia Arnaud de Maruelh. « Comme Arnaud faisait bien les chansons « et lisait bien des romans cela plut à la « comtesse de Burlats qui lui fit beaucoup « de bien. Il en devint amoureux et Adélaïde « ne le désapprouva pas et le combla de « bienfaits... Elle aimait beaucoup Arnaud « ce dont le roi d'Aragon qui était épris « d'elle s'aperçut. Ce dernier fit tant et si « bien qu'elle donna congé à Maruelh qui

(1) Dom Vaissete, Tome VI.

« se réfugia chez Guillaume de Montpellier » (1).

Mais la guerre des Albigeois allait commencer. Après plusieurs années de luttes, où les Trencavels jouèrent toujours un beau rôle, ils durent, écrasés par le nombre, céder leurs domaines aux envahisseurs. Parlant de l'un d'eux, Roger II, empoisonné dans sa prison à Carcassonne, le poète de la croisade s'écrie « Aussi loin « que s'étend le monde, ne fut meilleur « chevalier, ni plus preux, ni plus large, ni « plus courtois. »

On les retrouve à la fin de la lutte à la tête des derniers « faÿdits. » Puis en 1247 ce fut la soumission du loyal vaincu et le départ pour les croisades, où, probablement en 1270 devant Tunis, périt le dernier représentant de cette illustre race.

Ni le château ni le prieuré ne paraissent avoir subi de dommages à cette époque. Les nouveaux possesseurs se bornèrent à remplacer sur ces monuments « l'escu fascé de 6 pièces de gueules et d'hermine » des Trencavels par le lion à queue nouée et fourchue de Montfort ou par celui à appendice plus naturel de son féal Jean de Burlats. Deux de ces blasons existent encore aujourd'hui. L'un se trouve non loin du presbytère, qui faisait, dit-on, partie de l'ancien château, dans une rue perpendiculaire à l'Agout. L'autre au dessus d'une porte du bas-côté Nord de l'église romane. Leur état de dégradation ne permet de rien préciser.

De 1247 à 1313, ce fief appartient à Jean de Burlats et à ses descendants. — En 1266, Clément IV confirme les possessions de l'abbaye bénédictine de Castres « dont le prieuré de Burlats faisait partie. »

De 1313 à 1380, Burlats appartient à la famille de Montbrun. — En 1317, le prieuré devient collégiale. « Le chapitre de St-Pierre « de Burlats au diocèse de Castres fut fondé

(1) Rochegude, Parnasse occitanien.

« par Jean XXII sur les revenus de l'Evêché d'Albi. »

Les chanoines étaient suffragants de l'Evêché de Castres, créé la même année, mais ce droit leur fut enlevé par Clément IV. Le chapitre séjourna à Burlats jusqu'aux guerres religieuses du XVIe siècle.

Une lettre du sieur de Caylus à la reine mère citée par Dom Vaissete et datée du 13 Septembre 1563 dit « qu'à Burlats. cha-« noines et autres ecclésiastiques n'avaient « pas cessé de se livrer à toutes les prati-« ques du culte en leurs églises sans être « empêchés par ceux de la religion réfor mée. »

En 1573, les religionnaires se saisirent, par surprise de Burlats. Les réfugiés huguenots de Castres et d'ailleurs, dit Gaches, « s'installèrent dans les maisons bondées de vivres des habitants » et attendirent là une année l'occasion de s'emparer à nouveau de Castres. Ils firent pas mal de « dégast » puisque en 1613 et 1614 le chapitre dépense 2000 livres pour restaurer une chapelle pour le culte. Puis la guerre recommença et le catholique Condé après avoir battu Rohan, parait avoir achevé la destruction en purifiant à sa façon, par le feu, le 17 Septembre 1628, tout ce qui était encore debout.

La quiétude des chanoines au début des guerres de religion, la surprise du chef huguenot Lagrange, la destruction par le catholique Condé sembleraient indiquer que Burlats possédait de très importantes fortifications.

En 1631, les remparts, dont il reste encore trois tours, furent démolis par ordre de Richelieu en même temps que ceux de Castres.

En 1642, dit Bonhoure, l'évêque de Castres ordonnait au chapitre, dont les membres s'étaient réfugiés un peu partout, de rentrer à Burlats. Il s'y refusa et l'on fit une enquête : « Deux maisons seules étaient « debout, celle du baron de Ferrières, sei-

« gneur du lieu » (est-ce le château actuel bâti vers le XVIe siècle ?) « et celle de M de « Grandis. (1) Les autres n'offraient plus « que des ruines habitées par une trentaine « de pauvres familles. Aucune n'était en « état de loger les membres du chapitre. « A l'église, disent les commissaires, nous « n'avons trouvé que de vieilles murail- « les crevassées, des chapelles ruinées et « dont il ne reste plus que les fondements ; « la chute du clocher a tout rempli de rui- « nes. » Après la visite de l'église, les « anciens les conduisirent près de la mai- « son du S. de Ferrières « Là, ont-ils dit, « était la maîtrise des enfants de chœur » « et en allant de l'église le long de la rue « du côté du pont ils leur ont montré où « était la sacristie, la trésorerie avec ses « greniers et ses caves ; les maisons habi- « tées par les chirugiens et apothicaires, « par le boulanger et autres officiers du « chapitre ... Puis tirant vers la porte de « la Grave, du côté de la rivière quelques « restes du petit cloître. Près de là était « la maison des prébendiers et autres béné- « ficiers... La maison du pénitencier tenait « à la porte de La Grave et le long de la « rivière se trouvait celle du doyen du « chapitre et des autres chanoines. »

En 1669 eut lieu la translation définitive du chapitre de Burlats à Lautrec. Mais en 1759 encore ce chapitre, dont la Juridiction s'étendait jusqu'à Malacan et même au delà de la Durenque, (2) prélevait dans cette région une contribution de 4000 livres à la condition de subvenir à toutes les dépenses du culte à Burlats et à Lafontasse

(1) La famille de Grandis qui vendit Burlats aux Bayard de Ferrières avait succédée aux Castelpers et ces derniers aux Montbrun.

(2). 1610. Nov. On demande au rentier du chapitre de Burlats l'argent dû aux pauvres de Cambounés — 1613 Mars. Arrêt du Parlement de Toulouse maintenant au syndic du chapitre le droit de percevoir la dime sur les revenus de la métairie de Malacan. La chapitre de Burlats avait droit de dime à St-Martin-Labro (Revue du Tarn.)

La résidence d'été du doyen de la collégiale était non loin de ce dernier hameau, au Carla, où l'on voit encore sculptées les armoiries du chapitre.

Le presbytère qui faisait dit-on partie de l'ancien château et les ruines furent vendues sous la Révolution puis revinrent en partie à la commune en 1824.

Les ruines de la collégiale, classées monument historique, celles du Pavillon d'Adélaïde et du Prieuré se présentent donc à nous dépourvues de tout papier d'origine.

Un monument offrant tout le caractère robuste et austère de la période romane a remplacé l'église dont parle Garsinde dans son testament. L'examen des ruines permet d'en reconstituer facilement le plan.

Une grande nef de 43 m. de long et un transept de 32 m., tous deux voûtés en berceau et ayant chacun environ 12 m. de haut et 7. m. de large, formaient la croix latine. Les bas-côtés (38 m. 50 de long, 5 m. 50 de large, 6 m. de haut) étaient en voûte d'arête. La largeur totale de l'édifice avec ses contreforts est de 21 mètres.

Les arcs doubleaux qui soutenaient les lourdes et solides voûtes s'appuyaient sur un double rang de cinq piliers cruciformes flanqués chacun de 4 demi colonnes. Ils reposaient sur de puissantes assises de 3 mètres de diamètre.

Les quatre piliers du transept, plus robustes encore que les autres, devaient supporter le clocher. On peut voir encore, à l'angle du mur méridional et du transept, les restes de l'escalier qui conduisait sur les voûtes et au clocher. Cet escalier d'une exiguïté étonnante est dissimulé à l'intérieur d'un pilier qui est encore debout.

Une abside aux chapiteaux à corbeille nue, généralement ornés d'une simple volute aux angles, était décorée intérieurement et extérieusement d'une corniche en damiers.

Deux absidioles terminent chacune les bas-côtés. Aux arcs formerets appuyés au mur se voient aussi les mêmes chapiteaux simplement épannelés, parfois rehaussés d'un clou ou d'un fleuron

A l'arc triomphal du transept et aux colonnes des piliers se remarquent des chapiteaux d'une plus riche ornementation présentant certains motifs que l'on retrouve généralement dans les abbayes bénédictines de cette époque.

L'élévation des voûtes, leur remarquable appareil, indiquent comme date la fin du XIe siècle et les chapiteaux nus qui sont ornés d'entrelacs, de chimères fantastiques, de feuillages à peine indiqués, de figures humaines, se rapportent aussi à cette date.

L'entrée principale, en fort bon état, présente un portail remarquable par sa décoration. Ses archivoltes et ses chapiteaux très variés sont ornés d'entrelacs, de damiers, de palmettes et de feuillages.

Dans certains détails. aux beaux damiers, aux fines rosaces, aux broderies en losange, aux fleurons, aux délicats cordons de fines sculptures on est amené à reconnaître des influences orientales, transmises, soit directement par les croisades ou les échanges commerciaux, soit indirectement par l'intermédiaire des Arabes. On sait que le pays avait été parcouru souvent par les rois d'Aragon si voisins des Maures qui à cette époque étaient le peuple le plus civilisé de l'Europe

Il est à remarquer aussi que le corps d'artisans Languedociens avait conservé certaines traditions d'Art Gallo Romain. Les motifs d'ornementation restent placés aux mêmes membres d'architecture où les Romains avaient coutume de les mettre. De plus certains chapiteaux montrent que le type du corinthien romain s'était conservé assez exactement. Enfin certains motifs, principalement les entrelacs et les tresses, évoquent les ornements des manuscrits carolingiens et des objets trouvés dans les sculptures barbares.

La façade du transept Nord est formée par une grande archivolte et deux petites très ornées de billettes, clous, pommes de pin, écailles etc. On y remarque un chapiteau historié malheureusement en bien mauvais état de conservation.

Les corniches ont reçu une décoration analogue à celle de la façade et quelques corbeaux sont de beaux spécimens de sculpture romane.

La richesse d'ornementation de certains chapiteaux de la partie Nord des ruines semble indiquer que l'église a été terminée probablement au XIIe Siècle.

Vers la fin de ce siècle, peut-être plus tard, premier remaniement. Les bas côtés se couvrent de collatéraux supérieurs voûtés en demi berceau et percés de meurtrières. La nef principale qui était appuyée trop bas est ainsi solidement maintenue et un toit unique à deux versants recouvre l'ensemble de l'église. (1) Le nouvel appareil est grossièrement traité tandis que le premier avait été soigneusement dressé et composé de matériaux de choix.

Nouveau remaniement à l'époque gothique. Quatre fenêtres ogivales, une rose rayonnante dans la partie Ouest, deux fenêtres de même style, mais plus petites, percées dans le chœur, donnent la lumière nécessaire à la sombre église romane. La partie Nord du transept a été aussi remaniée à l'extrême fin du Moyen-âge. Elle devait être encore plus défigurée au XVIIe siècle et plus récemment encore.

La hauteur du mur de la façade, 14 mètres au milieu et 9 m. 70 aux côtés, nous indique à peu près la hauteur du toit, qui recouvrait les voûtes de défense. Celles-ci furent supprimées vers le XIVe Siècle à la partie Ouest et probablement remplacées par des fortification plus importantes autour de l'édifice.

(1) Comme cela existe encore à la partie Nord-Est du monument il y avait primitivement un toit à double pente sur la nef centrale et des toits en appentis sur les bas cotés.

La partie du Prieuré qui donne sur l'Agout présente au touriste 2 fenêtres qui méritent son attention. Une d'elles, géminée autrefois, par son cordon de statuettes, ses clous, ses pommes de pin, par son chapiteau classique, Adam et Eve sous l'arbre où le serpent est enroulé, précise la date du XIIe Siècle, indiquée aussi par les motifs de sculpture du « Pavillon d'Adélaïde », qui s'élève tout à côté : chasse à courre, poissons, escargots de vigne, damiers, le tout agrémenté de beaux corbeaux et d'un cordon de sculptures très variées qui sont absolument remarquables et dont plusieurs motifs se retrouvent dans tous les monuments Arabes ou Orientaux.

Cette rapide description de nos belles ruines romanes ne satisfera peut-être pas tous les touristes. Je renvoie le mécontents à une série d'articles (1) parus dans la *Revue du Tarn* et dus à la plume de mon aussi agréable qu'érudit compagnon d'excursions et ami Jean Laran. Je reviens à mon sujet

La vallée de l'Agoût possède aussi des rochers tremblants et de curieux groupements de roches.

Au dessus et à l'Est du Chaos du Suc de la Barthe, entre Ferrières et Vabre, se trouve le rocher tremblant de Peyremouyrou. Il est préférable de s'y rendre de Ferrières. On quitte la voiture en dessous du Soulié (Guides) et l'on monte par Pébiau Peu après ce hameau se dresse la Peyro Haouto, curieux bloc de granit assez élevé qui sert de point de repère. A l'O. N.-O. de ce bloc on aperçoit bientôt, dominant le travers de Rives, le roc crénelé de Peyremouyrou, on peut de là descendre à pic à la route ou revenir à Ferrières par le même chemin (1 heure et demie environ aller et retour.)

Ce bloc de 14 mètres de tour et de 2m. 60 de haut, de forme presque cubique est situé à 1 kilomètre environ et à l'O.-S.-O du

---

(1) Notes sur St-Piere de Burlais Revue du Tarn Tome XXI et XXII.

point culminant (666 m.) Il présente à sa partie supérieure une série d'excavations ; d'où son autre nom de Roc des Ecuelles. On nomme aussi la Pierre Druidique et on prétend avoir trouvé au pied de ce rocher « une hachette de bronze terminée en pointe du côté opposé au taillant. » Le point de vue est splendide.

Pour décrire ce rocher d'espèce très rare dans la partie Sud des Monts de Lacaune et au Sidobre, et de plus unique comme modelé, je me sers à dessein d'une phrase écrite dans une description des roches de Ploumanac'h et Trégastel. L'auteur, M. Monmarché, a bien voulu me la communiquer et elle établira une comparaison qui s'impose.

« Sur les surfaces planes ou peu incli-
« nées, l'eau creuse des cuvettes dont le
« trop plein burine une rigole d'écoulement.
« La roche ainsi érodée présente un ensem-
« ble compliqué de creux et de bosses
« aux contours arrondis ; elle a un peu
« l'aspect d'une étoffe souple chiffonnée.
« Une cuvette avec sa rigole d'écoulement
« forme un fauteuil naturel. Sur le pour-
« tour du rocher ces rigoles dessinent des
« créneaux, des stries, de profondes canne-
« lures. »

Entre les hameaux de Massi et de Guior-Bas, près de la Brescarié, M. Lacolombié m'a indiqué un rocher tremblant reposant sur deux autres et placé entre eux comme un coin. Il est moins beau que celui de Maurel, du même genre, dont nous parlerons plus loin. Les nombreuses scories que l'on remarque tout à côté sembleraient indiquer qu'il y a eu là autrefois des forges à la catalane.

Du Signal de Massi (705 m.) on découvre un des panoramas les plus étendus du Sidobre : Le Montalet, les monts de l'Espinouse, la Montagne Noire, les Pyrénées, le col de Naurouze, les côteaux de St-Félix, Puylaurens, Lautrec, Montredon et les monts de Lacaune que domine au N. E. la tour de St-Jean (dal Frech) au dessus de Camaillières.

Au-dessus de Ricard, du tournant de Tindel ou de celui de Thouy on aperçoit les 3 Fromages, d'autres disent les 3 Pains, curieuse superposition de trois rochers.

On jouit à leur pied d'une vue admirable sur la vallée de l'Agoût, celle du Gijou et les monts de Lacaune.

Dans le haut et à l'Ouest du chaos de Foulettou on remarque le chapeau d'Henri IV nommé aussi chapeau du Curé, pyramide tronquée de granit dont la base la plus petite repose en équilibre sur un bloc élevé et très étroit

Traversant le hameau de Ricard et suivant à pied un sentier qui conduit à Crémaussel, après être passé à côté des 3 Fromages, et avoir traversé un petit bois de sapins, on aperçoit en arrivant au sommet de la montagne, près du point coté 667 le Roc de l'Oie. C'est ainsi que l'avaient baptisé les carriers qui me l'on indiqué. Admettons qu'il affecte la forme d'un oiseau gigantesque.

Ce rocher étonne autant par sa forme si étrangement dessinée que par sa position et l'on se demanderait comment il peut tenir en équilibre, si, en le contournant on ne remarquait un petit bloc qui lui sert de point d'appui.

On s'y rend généralement à pied de Ricard, mais on peut aussi de Lacrouzette aller en voiture jusqu'au bassin de la Fusarié par un chemin assez praticable suivant peut-être en partie le tracé de la voie Gallo-Romaine déjà signalée qui « de Castres « passait devant la villa de Gourjade. Bur« lats, le Sidobre, et par Vabre et Lacaze « allait rejoindre celle d'Albi à Lacaune. »

Je n'engagerai pas le touriste à suivre en voiture, au-delà du bassin de la Fusarié, ce chemin vicinal, pour aller réjoindre par Crémaussel et le Cros, celui qui, de Vialavert, dévale au Pont de Luzières. Cela peut se faire mais non sans peine. C'est dommage car l'impression à la descente en lacets est féerique.

Du Roc de l'Oie, en se dirigeant à pied vers la Fusarié, le touriste traverse le Désert (très beau point de vue.) Rien de plus sauvage que ce sommet aride et dénudé. Des blocs énormes qui semblent défier la foudre se dressent partout au milieu des bruyères.

Peu avant d'arriver au hameau, sur le versant Sud de la Montagne, peu éloignée et faisant pendant au chapeau du Curé, se remarque la plus belle agglomération de roches du Sidobre, sorte de « Caïrn » gigantesque de 10 à 12 mètres de haut sous lequel est ménagé un passage.

Si l'on continue à suivre la prairie où se trouve cette agglomération, en se dirigeant vers le N. O. puis vers le Nord, 50 mètres environ avant d'arriver à la route de Castres à Vabre, on remarque au N. N.-E. du hameau, placés en gradins, un beau rocher tremblant en deux curieuses tables

Le premier est de forme rectangulaire allongée et repose sur un autre bloc suivant l'inclinaison de la montagne. Il a 18 m. de tour et 1 m. 75 de hauteur. Au Sud de ce rocher, un autre tout petit sert à appuyer un levier, bien inutile du reste.

Les tables se composent de deux blocs quadrangulaires qui reposent sur d'autres rochers de moindre volume et forment un abri au-dessous. Leur position au milieu du beau cirque de la Fusarié a pu faire songer à des dolmens.

Ce cirque, contourné par la route pendant deux kilomètres, outre les curiosités signalées et que l'on peut embrasser d'un seul regard du tournant qui est au dessus du hameau de Tindel, présente un caractère plus particulièrement grandiose et sauvage que les échancrures voisines du plateau. Il apparaît tout hérissé de blocs de granit groupés ou superposés de façon fantastique. Il a sa légende.

Non loin de ces déserts de roches, après

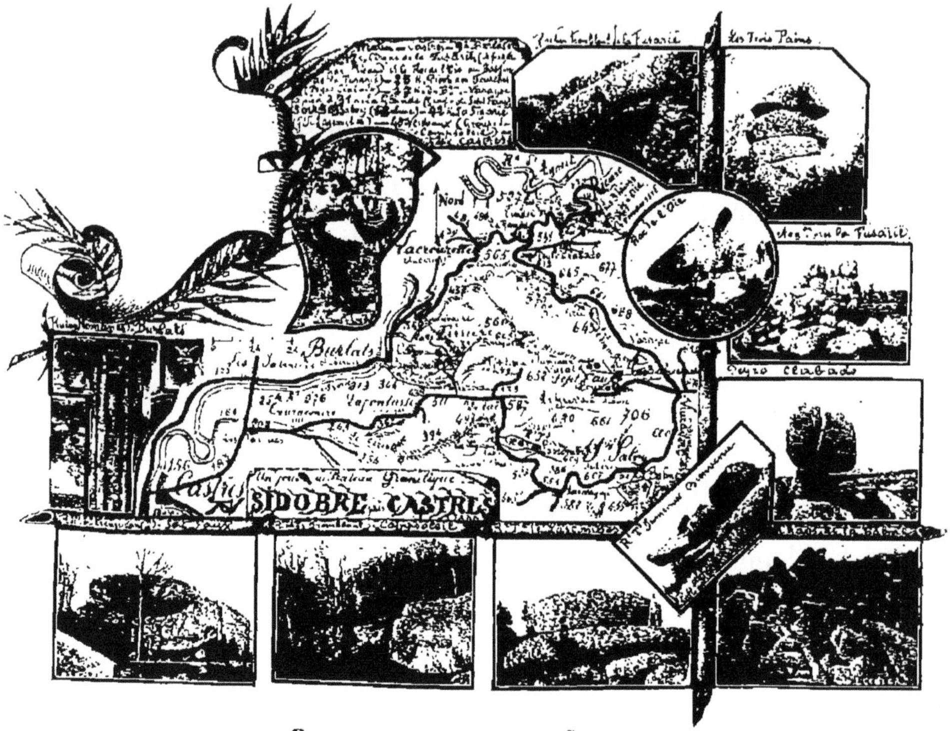

PRINCIPAUX ROCHERS DU SIDOBRE.

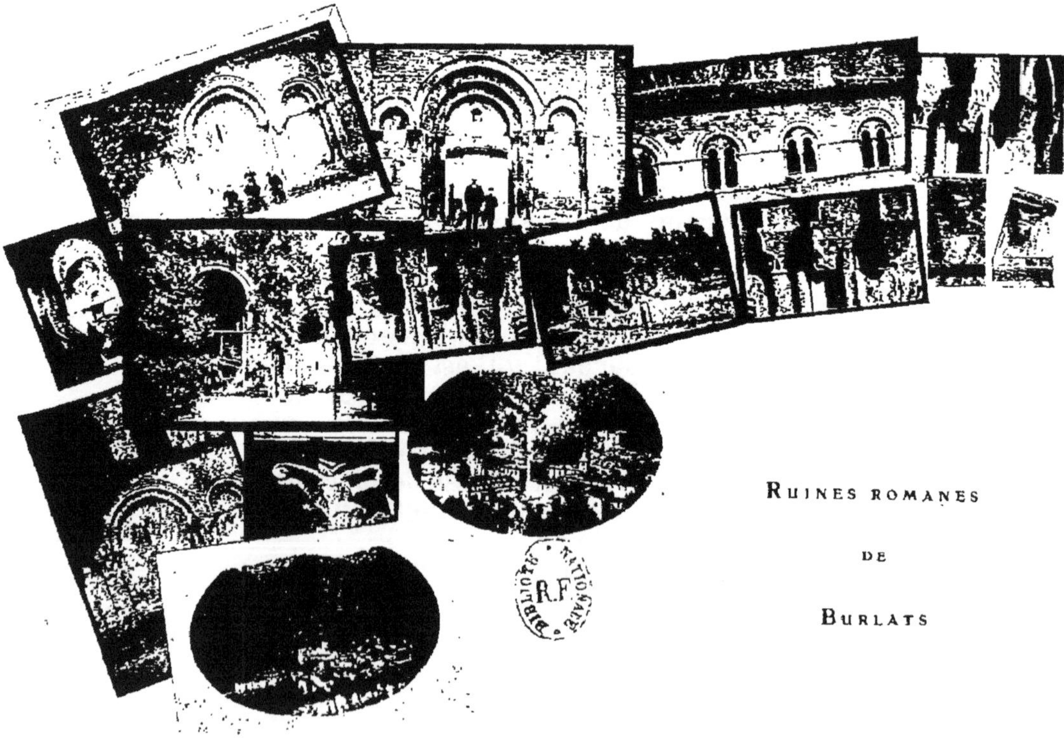

RUINES ROMANES

DE

BURLATS

PAPIER, GRAV. ET IMP. [illegible], AU CHATELIER, PAR RAON-L'ÉTAPE (VOSGES)

le ournant de Thouy apparait comme un oasis de verdure la ferme de Castalengues. Un cultivateur trouvant là des terres arables s'y est établi et a construit sa demeure a proximité d'une source.

On se doute bien que cette fertilité inattendue et cette commodité si appréciée de nos paysans n'ont pas à leurs yeux des causes bien naturelles.

Une bonne vieille de la Fusarié, la même qui quelques temps auparavant m'avait indiqué le rocher tremblant et quelques curiosités des environs, m'en assurait un jour. Et voici fidèlement traduit, ce qu'elle nous contait pendant que, séchant nos habits trempés de pluie, nous déjeunions des provisions contenues dans nos sacs.

« La ferme de Castalengues était autrefois comme beaucoup de fermes environnantes ; l'eau était loin et les champs encombrés de rocs. La jeune servante gémissait sans cesse d'aller chercher très loin l'eau nécessaire aux besoins du ménage.

« Un jour qu'il avait fallu descendre au ruisseau plus souvent que de coutume, la soubrette s'écria qu'elle se donnerait bien au diable pour avoir l'eau devant sa porte. Le personnage ainsi invoqué apparut aussitôt. Il avait pris la forme d'un solide gars de la montagne, l'habit de bure recouvert du « brisaout » (1) et le chef protégé par le bonnet de laine recouvert du large chapeau à rubans Il promit à la jolie fille de faire ce qu'elle désirait. Naturellement il y avait une condition, c'est qu'elle lui appartiendrait avant que le coq eût chanté.

« Un beau gars ne fait pas peur aux filles mais quand on se doute que c'est le diable cela mérite réflexion La servante un peu confuse s'en fut conter l'aventure à sa maîtresse Nos vieilles de la montagne en savent plus que le diable : « Promets toujours, dit celle-ci. Je me charge du reste. »

---

(1) Manteau de grosse laine blanche en forme d'étole de prêtre. C'est ce manteau qui explique le nom de « Camisards. »

La jeune fille obéit et le diable se met aussitôt à l'ouvrage. Mais l'eau n'est pas plutôt amenée devant la porte et le diable s'apprête à peine à demander sa récompense, que la fermière court au poulailler avec la lumière et « le livre. » Le coq chante et le diable disparaît.

« Et comme il n'est si bon conte dont on n'abuse, le même marché fut conclu « per despeyra » (pour débarasser les champs des rochers) et la soubrette s'en tira de la même façon

« Lous rocs boulaboun de pertout » (les rochers volaient de toutes parts), prononça la bonne vieille avec un accent de profonde conviction. C'est ainsi que s'expliquent les chaos de las Hortes.

VALLÉE DU LIGNON

Le Lignon naît à la source de Vidélariès, située à 500 mètres à l'ouest de Guior-Haut. Jusqu'au Merle, il n'offre de remarquable que les deux bassins qu'il alimente au Varayre et près du Merle En aval du second, il disparaît sous une rivière de rochers ; particulièrement jolie en amont du moulin de la Resse, elle finit près de celui de Pradel où ce ruisseau reçoit son principal affluent le Bridou.

Il a déjà reçu, au bassin du Merle, les eaux du ruisseau du Varayre et, sous Feuillebois, celles du chaos des Lagues. Après son confluent avec le Bridou, il reçoit celles du chaos du Verdier et forme entre le Fraïsse et la Ferrière une belle cascade de 25 m. de hauteur environ, le Saut de la Truite, précédée et suivie d'une série de cascatelles du plus bel effet.

De Burlats on peut, en trois quarts d'heure, se rendre au Saut de la Truite : mauvaise route, non carrossable jusqu'à la Ferrière Haute. Au-delà de ce hameau trois voies se présentent ; il faut prendre le sentier du milieu qui par le Saut de la Truite (pour les piétons seulement) mène au Moulin de Pradel.

Le Lignon reçoit ensuite les eaux d'un petit chaos venant du Bousquet et de deux belles rivières de rochers, Campsoleil et Corbière, qui se voient fort bien du mamelon en face. Puis il traverse la gorge sauvage de St-Michel, que dominent les ruines, d'une léproserie selon les uns, d'une église d'après d'autres, et se jette dans l'Agout à 1 kilom. en amont de Burlats.

A partir du moulin de la Resse, sauf le trajet en voiture possible jusqu'à Campselves, la vallée du Lignon ne peut être visitée qu'à pied.

Le Bridou, son principal affluent est l'émissaire de trois petit chaos : La Glévade, Sept Faux, Cambesses. Il arrose un moment les prairies de ces hameaux et celles de Sionac et Carauce et disparaît sous roches jusqu'auprès du moulin de Pradel. Il reçoit pendant ce parcours les eaux d'un beau petit chaos près Carauce

A Dumège nous a laissé sur la basse vallée du Lignon en particulier, desindications d'autant plus précieuses qu'en quelques endroits d'épais taillis ont remplacé les landes d'autrefois.

J'ai dit que la partie Ouest seule du Sidobre avait été décrite d'une façon assez complète. Voici comment je crois pouvoir l'expliquer : Les deux voies de pénétration vers l'Espinouse et vers les monts de Lacaune déjà citées semblent avoir été depuis longtemps réunies entre elles par une troisième allant du Sud au Nord.

Dans le « Recueil d'actes notariés » de M. L. Barbaza, l'érudit et opiniâtre chercheur auquel nous devons tant de documents inédits sur notre histoire locale, un acte datant de 1545 donne à François Nadal le titre de coseigneur de Lacrouzette et de Lézert. On sait que les fils de ce gentilhomme jouèrent dans le pays un rôle très important pendant les guerres de religion. Jean qui eut le fief de Lacrouzette, fut gouverneur de Castres en 1572. Il était l'homme de confiance du M^{al} de Damville-Montmorency, gouverneur du Languedoc, auquel il avait sauvé la vie à la bataille de Dreux et qui fit sa fortune. Pierre, à qui appartenait Lézert, fut commissaire du roi en 1581... etc.

Je n'étonnerai personne en disant que ces seigneurs avaient dû faire entretenir, et au besoin faire tracer, des voies fort praticables pour aller de Castres chez eux et aussi pour pouvoir se visiter à l'occasion. Il existe encore des chemins, figurant sur les anciens cadastres, qui de Lézert, par Verdeaux et le Bousquet, conduisent à Lacrouzette par le moulin de Pradel, ou par le Verdier et Belherbette. Les ponts sur lesquels ils franchissent le Lignon ou le Bridou sont plus larges que ne le comporterait le tracé actuel, et près du hameau de Belherbette une partie est pavée comme le sont les voies les plus anciennes du pays. La conclusion est simple : si cette région a été visitée et décrite depuis longtemps, c'est qu'elle était d'un accès plus facile.

La vallée du Lignon contient bon nombre de roches curieuses. Près de Cambesses, (versant du Lignon), un bloc posé sur un autre est fendu en plusieurs morceaux ; une de ces sections assez volumineuse tremble beaucoup. A 800 mètres environ de là, vers l'Est, on trouve un petit rocher tremblant de forme cylindrique.. Ni l'un ni l'autre ne sont des plus intéressants à visiter. On pourrait s'y rendre de Sept-Faux ou de Carauce.

Non loin du Merle, à deux mètres au Sud de la route, à l'endroit où celle-ci, après avoir traversé le chaos, rencontre le chemin qui vient de Feuillebois, se trouve un bloc plus remarquable qui décrivait en oscillant un arc de 0, 30 cent. Avec des crics, des leviers, on est parvenu à le faire pivoter sur son point de contact et maintenant le rocher voisin empêche qu'il soit mû avec la même facilité. Ce fait se passe de commentaires.

La principale curiosité de cette vallée est la « Peyro Clabado », la plus singulière peut être du Sidobre. Son nom lui vient d'après A Dumège « de la clef ou du coin « qui fixe invariablement son équilibre. » Voici la description qu'en fait cet auteur (1) :

« Peyro Clabado estremarquable par son « volume, par sa position élevée et par la « manière dont elle est retenue sur son « frêle piédestal. Ce dernier rocher ne fait « point partie du sol ; ayant une forte « inclinaison, il ne saurait retenir la masse « qu'il supporte si l'on n'avait placé entre « les deux un morceau de granit en forme « de coin, qui par sa réunion avec le pié- « destal présente une surface horizontale et « sert ainsi d'appui à l'énorme bloc. Le « centre de gravité se trouve exactement « placé sur ce coin, la partie la plus renflée « du rocher étant exactement en l'air du « côté du Sud. Les spectateurs croient d'a- « bord qu'il a perdu son aplomb et s'ils le « regardent fixement du côté de l'Est ils « sont persuadés qu'il va se précipiter, sur « eux. Le point le plus élevé de la surface « inférieure n'est qu'à 4 mètres au dessus « du sol Le piédestal a près de 4 mètres « carrés, mais sa partie supérieure qui sou- « tient le bloc n'a pas plus d'un mètre, y « compris même le morceau de granit en « forme de coin qui sert à retenir la « masse. »

A. Dumège estime le volume de la Peyro Clabado à 294 mètres cubes et son poids à 77910 myriagrammes.

Des points les plus élevés de Castres, on distingue vers le Nord-Est un mamelon qui fait tache blanche sur le fond plus sombre du Sidobre. Il était autrefois couvert de rochers et ce sont leurs débris maintenant que l'on aperçoit. Son nom est le Pioch des Fourches. C'est derrière ce mamelon à quelques mètres à l'Est du point culminant 612 m. A. que se trouve la Peyro Clabado.

Cette superposition de roches présente du côté Sud le même aspect que le Dé ou Pierre Pendue près de Trégastel (Côtes du

---

(1) Revue du Tarn, IV.

Nord). Le nom de Roc des Pattes lui est aussi donné, dit A Dumége, « parce que « l'on croit remarquer sous le plan inférieur « de la partie qui avance une série d'em- « preintes comparables à la trace que lais- « serait dans la boue le pied d'animaux tels « que bœufs, brebis, lapins etc ».

Les carriers prétendent que ce rocher est celui qu'on appelait autrefois le Roc Bramaïré et que le vent fait grand bruit en s'engouffrant dans ses cavités Nayral les signale pourtant tous les deux, comme deux rochers différents ; il est probable que le Roc Bramaïré a été détruit comme le Roc de la Cabane, Peyro Poul et tant d'autres remarquables par leur forme, leur équilibre ou leur groupement.

« Peyro Clabade » même ne devait pas être respectée. Il existe sur sa face Sud une fente qui se prolonge de 4 mètres environ dans le rocher et qui pendant 1 mètre a un écartement de 0, 10 centimètres environ. Une belle nuit, on surprit des imbéciles en train de forer un trou de mine dans cette partie du rocher qui paraissait devoir être plus facile à détruire. Arrêtés et interrogés, ils déclarèrent avoir voulu faire cela pour se venger de la municipalité de Lacrouzette qui ne partageait pas leurs opinions !

Ce vandalisme eut au moins pour résultat de réveiller les édiles du lieu et de leur faire prendre l'arrêté suivant qui date du 23 Septembre 1872. « Considérant qu'il est « urgent de conserver les pierres curieuses « qui se trouvent dans les communaux...... « Article 1· Rappelons (1) qu'il est expres- « sément défendu de détruire le rocher « appelé Peyro Clabado. Il est également « défendu de couper une seule pierre au- « tour de Peyro Clabado dans un rayon de « soixante mètres »

---

(1) Revue du Tarn XIX. Ce mot « rappelons » semble confirmer ce que je crois, qu'il y a eu un arrêté antérieur mais je n'ai pu me procurer ce document.

Une visite sur les lieux prouvera que cet arrêté a dû tomber en désuétude. On vient même de débiter un bloc qui touchait, à l'Est, la base même du monument. Aux environs tout est rasé dans le rayon réservé de soixante mètres et bien au delà Un énorme bloc, très remarquable, dit du Pain de Sucre, est actuellement en exploitation. Seul, caché dans un bois de pins qui le protège sans doute, le Roc Affégnal dont parle Borel, et qui ressemble à une longue meule de paille, existe encore.

Je raconte des faits qu'il me serait pénible d'analyser. Du reste dès le début j'ai fait le lecteur juge. Il est de mode de n'accuser que les carriers. Pourtant la majeure partie de ces bons ouvriers se rend compte que, plus il viendra d'étrangers au Sidobre, plus leur travail sera connu et que les commandes seront de ce fait plus nombreuses. Ils reconnaissent qu'il est de leur intérêt que les principales curiosités soient conservées. Mais que faire pour empêcher les vandalismes voulus, résultats de haines stupides et de jalousies de « cof » à « cof »; et que dire de l'indifférence si longtemps professée dans d'autres milieux, plus éduqués ceux là, à laquelle se joignait parfois une légère pointe de xénophobie intéressée ? on ne peut que savoir gré de tous les efforts collectifs ou individuels qui ont été faits depuis quelques années pour essayer d'empêcher la destruction des blocs les plus intéressants. Mais ces efforts ont été sans résultats et cette destruction est si rapide que des mesures plus efficaces seraient urgentes ; en attendant une loi qui prenne sous sa protection tous les sites les plus remarquables de France que nos Parlements finiront bien par faire tôt ou tard. Je prie le lecteur d'excuser cette diversion et je reviens à ma description qui est du reste mon meilleur argument.

On ne peut pourtant quitter cette région sans parler du travail du granit que l'on pourra là comme à St-Salvy suivre dans toutes ses phases à diférents chantiers.

Une rainure est d'abord faite au ciseau, dans laquelle sont introduits de nombreux coins de fer, espacés les uns des autres de 0,20 centimètres environ. A grand renfort de coups de maillet, savamment donnés, une équipe tape sur ce clavier d'un nouveau genre jusqu'à ce que le bloc se casse exactement comme du sucre. Même opération pour réduire les sections à la grosseur voulue. Ces dernières sont ensuite dégrossies, parées et polies. Sur le granit très dur (1) et de bonne qualité les outils s'émoussent vite. Aussi chaque chef carrier a-t-il sa forge portative sous un abri provisoire. Selon les commandes on pourra voir parfois de beaux spécimens très finement achevés de leur travail Leur chef d'œuvre collectif est certainement la nouvelle église de Lacrouzette.

Tout cela est certainement utile et rémunérateur, mais ce coin de Sidobre m'a toujours produit l'effet d'une nécropole dont Peyro Clabado serait le monument commémoratif. Franchissons la route et descendons au moulin de la Resse. J'indiquerai dans cette région deux beaux rochers tremblants ; celui de la Bouriate en forme de barque renversée et celui de Maurel placé comme un coin énorme entre deux rochers Le premier se trouve à 50 mètres environ du cours du Lignon, près d'un sentier qui de Campselves va rejoindre l'ancien chemin cadastral tout près du rocher de Maurel Ce dernier est situé près d'un bosquet de pins qui domine le mamelon non loin de la métairie du même nom. A. Dumége, qui les a décrits, estime le volume du Roc de Maurel à 52 mètres cubes. Il parle de la « grande facilité » avec laquelle on imprimait à la Barque un mouvement régulier qui « durait pendant

(1) Granit de Normandie, densité : 2,66. Granit de Bretagne, densité : 2,74. Granit des Vosges, densité 2,85 On m'a affirmé que le mètre cube de granit du Sidobre pesait trois mille Kilogrammes (?)

« quelques secondes » ; mais cela a changé depuis.

Le même auteur signale aussi « le rocher « tremblant de Lacrouzette de 5 mètres de « long et 3 de large supporté par deux ro- « chers qui font partie du sol de la monta- « gne .., et sur le penchant d'une colline « nommée le Pioch d'al Bicary un rocher « posé sur deux points d'appui et qui se « meut avec beaucoup de facilité. Le ruis- « seau de la Resse arrose la prairie où se « trouve ce monument. Il a environ 7 mè- « tres de large et son cube est de 105 mè- « tres. Sa surface inférieure offre un plan « horizontal sous lequel les bergers vont « quelquefois se mettre à l'abri ».

Il y a sur le penchant de la colline indiquée, et dans un bois de pins probablement plantés depuis, un rocher de forme oblongue qui répond aux dimensions données et qui est élevé au dessus du sol de 10 mètres environ. Une pente pas trop abordable à l'Est permet d'arriver au rocher tremblant Il repose sur un énorme bloc soutenu lui même par trois autres formant en dessous une chambre de 10 mètres carrés environ Un quatrième rocher et deux murs en pierres sèches complètent cet abri que j'ai appelé le Chalet du Club Alpin. Est ce celui dont parle Dumège ?

Quant au premier rocher qu'il décrit, j'ai appris récemment qu'il avait été détruit. Comme dédommagement les carriers m'ont indiqué un rocher tremblant assez curieux en son genre. Le bloc dans son ensemble a la forme d'une grosse meule de foin dont la courbe serait plutôt ovale que ronde. Une fente horizontale et deux verticales en croix ont partagé en quatre la partie supérieure. Une de ces sections, de 10 mètres cubes environ, paraissant pourtant reposer sur un plan horizontal, tremble très facilement. Il se trouve en dessous de Feuillebois, mais dans les communaux de Lacrouzette. Pour s'y rendre il faut, après avoir dépassé la bergerie de la Sagne des

Malous, située à 100 mètres environ au Sud de Peyro Clabado, prendre vers l'Est un chemin parallèle au cours du Lignon d'abord ; puis à celui du ruisseau des Lagues, tous deux sont sur la rive droite de ces cours d'eau. Cent mètres environ avant d'arriver au ruisseau des Lagues, on remarque le rocher tout près du chemin, à droite dans un pré. Il est plus curieux et du même genre que celui de Cambesses.

Du hameau de Belherbette on peut par le Fraïsse et Bonnebayle (qui, soit dit en passant, est à la même altitude que le Pont de Luzières, 340 m.) se rendre en une heure à pied à Burlats.

Les choses intéressantes vues par le touriste en cours de route pourraient le dédommager de cette marche dans des chemins plus que raboteux. Ce sont d'abord les trois roches jumelles de 10 mètres environ de haut et le joli site du moulin de Pradel; on suit après le mamelon à droite du Lignon. Les chaos de la rive gauche, dont il a été question apparaissent dans toute leur beauté ; et dans les bois qui les avoisinent pointent des blocs ou des groupes de rochers aux formes les plus variées. A noter un de ces derniers qui, vu du chemin, présente la forme exacte d'un marteau.

Je réserve pour la fin de ce chapitre le groupe de rochers tremblants de Campsoleil qui appartient à la vallée du Lignon et qui est situé dans la partie boisée du plateau où les nombreux chemins d'exploitation rendent la tâche du guide assez délicate. Pour que mes indications soient plus efficaces je ne parlerai que de la façon la plus pratique de les visiter. Une courte incursion dans la vallée d'Aiguebelle sera nécessaire pour cela. On pourrait, il est vrai, de Burlats, du moulin de Pradel, de Belherbette s'y rendre à pied par la vallée du Lignon, mais ces voies n'étant pas actuellement d'un accès facile ne sont pas à recommander.

Décrivons en attendant celle de son affluent le Bridou. Elle contient le plus beau groupe de rochers tremblants de notre région granitique. A peu de distance de l'auberge de la Glévade, cinq de ces rochers, qui doivent tous être visités, se trouvent dans l'espace d'un kilomètre. Aussitôt après avoir dépassé cette auberge, on aperçoit de la route, dans le hameau même de Sept-Faux, le rocher tremblant de ce nom qui domine de plus de deux mètres le toit des maisons voisines. Il semble reposer sur une vaste plate-forme élevée du sol de deux mètres environ, qui peut avoir 50 mètres carrés de superficie. En grimpant par un petit escalier, on se rend compte que ce n'est qu'une vaste agglomération dont les vides sont bouchés. L'assise sur laquelle repose le rocher a 8 mètres carrés. C'est le plus beau et le plus volumineux des rochers tremblants que je connais au Sidobre ; bien qu'il soit suivi d'assez près par Campsoleil et Lascombes).

Il a la forme d'un bateau dont la poupe supporterait une autre bloc d'un volume moindre, quoique fort respectable. En appuyant un levier sous la proue d'une façon lente et soutenue, on met toute la masse en mouvement. Le rocher sur lequel repose le levier semble avoir été placé là à cet effet. Quand l'impulsion est bien donnée on voit cette énorme masse osciller près d'une minute après que l'on a cessé les pesées. Le rocher supérieur a 9 m. de long et 3 m. 10 de haut. Le bloc inférieur a 25 m. de tour et la hauteur des deux rochers réunis est de 7 m. 10.

Les habitants de la maison voisine, auxquels appartient le rocher tremblant, ont jugé bon de mettre une chaine et un cadenas pour empêcher que l'on puisse facilement le faire osciller. On en est quitte pour un léger pourboire que l'on donne aux gamins qui s'acquittent de la fonction. Ce bloc, c'est le cas de le dire, n'avait pu demeurer inaperçu. Il est mentionné dans les Guides antérieurs à 1899.

A 500 mètres à l'ouest de Sept-Faux, à

la Combe de Jambes, on doit visiter deux très beaux et volumieux rochers tremblants espacés de 5 mètres à peine. Deux personnes, Moulis loueur de voitures et Bourges, le propriétaire du lieu, me les ont indiqués. Pour ne pas faire de jaloux je les baptisai jumeaux Valat du nom du photographe Castrais qui voulut bien, dès le début, et alors que j'étais un apprenti photographe des plus novices, mettre son employé F. Bienvenu à ma disposition. Tous deux ont été pour moi de vrais et utiles collaborateurs.

De Sept-Faux, pour visiter nos rochers, il faut, se dirigeant vers l'Ouest, laisser à droite le chemin de Cambesses ; à gauche, celui de Sionac et la Glévade et prendre le sentier qui se trouve entre les deux A la lisière du bois on remarquera à gauche le Roc Fendu qui servira de point de repère. Après l'avoir dépassé de trois mètres vers le Sud on se dirigera vers l'Ouest en parcourant vingt mètres environ.

A 500 mètres à l'Est de Sept-Faux, au point où le chemin venant de ce hameau rencontre celui de Cabrol au Cros par le Varayre, on voit vers le Nord-Est un bosquet de sapins. A quelques mètres au Sud de ce bosquet, une large assise, à fleur de terre au Midi, dépasse le sol de 2 m. au Nord. Elle supporte trois rochers de très gros volume. Celui qui se trouve à l'Est, de forme élégante et allongée, oscille fortement ; son voisin aussi volumineux tremble également ; le troisième est stable. Dix centimètres à peine les séparent les uns des autres. Bien par hasard, un jour de chasse aux chiens courants, je me postai à leur pied et pendant qu'un satané bouquin, que nous perdimes du reste, s'était forlongé du coté des Lagues j'eus tout le loisir de les examiner. C'est dans ce genre le plus beau et le plus curieux groupement du Sidobre ; je les appelai les jumeaux Bienvenu.

Plusieurs rochers sont à signaler dans la vallée du Bridou : outre le Roc Fendu déjà cité, dont la coupure horizontale donnerait au rocher une vague ressemblance avec une tête de squale, on remarque aussi à la Combe de Jambes une superposition de roches similaire aux Trois Fromages. A Sionac, à Carauce, de beaux groupes et des blocs curieux par leur forme ou leur position attirent le regard. Entre ce dernier hameau et le moulin de Pradel un rocher plat, formant abri en dessous, affecterait assez la forme d'une assiette énorme appuyée sur un bouchon.

Revenant à la vallée du Lignon, je dois signaler le rocher du Verdier (1). On peut s'y rendre de Belherbette en prenant l'ancienne voie vers le Bousquet et Verdeaux, déjà citée ; mais il est plus pratique de prendre le chemin qui fait communiquer ce hameau avec la route du Mas Nauou au bassin du Merle qui rejoint le précédent non loin du Verdier haut. On remarquera, après le dépôt de bois du Verdier, une énorme assise sur la plate-forme de laquelle est posé le volumineux roc du Capel. Nous trouverons ensuite notre rocher entre la bifurcation vers Belherbette et le Verdier haut. Il pourrait être comparé à un prisme, de 1 mètre environ de haut dont les bases auraient 4 ou 5 mètres de coté, qui reposerait en équilibre sur son arête, sur un bloc de très petit volume. Il y a quelques années, un chêne s'était soudé au rocher et par les grands vents lui communiquait une légère oscillation. Les bûcherons jugeaient téméraire de s'attaquer à cet arbre qui semblait supporter le roc Tout récemment un violent coup de vent les a désunis et l'arbre avec sa large verrue, occasionnée par son ancienne attache, est actuellement à 1 m. 50 du bloc.

Du Verdier haut on peut se rendre au Bousquet en suivant le chemin cadastral ;

---

(1) Ne pas confondre avec le Roc Rédoun, que les cartes désignent à tort sous le nom de Rocher du Verdier, dont il sera question plus loin.

ou mieux par un sentier qui traverse la prairie du Verdier bas (maison de garde). On traverse ensuite un pont sous lequel passent les eaux du Verdier qui disparaissent bientôt dans le chaos du Bousquet qui est en dessous.

Il faut se diriger de là droit vers le Sud-Ouest en négligeant les voies d'exploitation à droite et à gauche. Après avoir contourné la prairie qui est au Nord de la maison du garde au Bousquet, on passe bientôt sur un rocher plat nommé la Laouso. C'est le chemin vers le Sud qu'il faut prendre pour gagner Verdeaux. Celui que l'on laisse vers l'Ouest va à Campsoleil et bifurque plus loin se dirigeant au Nord-Ouest, vers la Ferrière. On nomme cet endroit, facile à reconnaitre par la belle agglomération que l'on voit sous bois vers le Sud, le plateau des Merles.

Nous voici tout près du groupe de rochers tremblants de Campsoleil. Pour le visiter, le touriste arrive par la vieille route de Brassac et laisse la voiture dans l'allée de pins de Verdeaux. Il se dirige à pied, vers le Nord, jusqu'au ruisseau d'Aiguebelle en laissant à droite, après Verdeaux, le chemin qui va à Calmejeanne. Arrivé au pont, au lieu de continuer à suivre la direction du Bousquet, il faut prendre, vers le Nord-Ouest, celle de Campsoleil. On grimpe un raidillon de 50 mètres environ qui borde au Sud un bosquet de pins. Ce dernier, de forme quadrangulaire, est confiné, à l'Est, par un taillis de chênes ; au Nord, par le chemin qui va de Campsoleil au Bousquet et, à l'Ouest, par un sentier qui réunit les deux voies, Verdeaux-Campsoleil et Campsoleil-Bousquet. Il faut contourner ce bosquet puis, prenant la direction Nord-Est, se diriger vers le Bousquet à peu près pendant 400 mètres.

Peu avant d'arriver au champ, dit du plateau des Merles, (à 250 mètres environ du chemin Bousquet-Verdeaux dont il a été question), se détache une autre voie qui contourne un mamelon à gauche, pendant que celle que nous suivons prend la droite. Toutes deux se rejoignent 200 m. plus loin environ. Elles bordent une partie de bois qui aurait vaguement la forme d'un losange. En admettant l'éxactitude de cette comparaison, ce serait un peu à l'Ouest de l'intersection des diagonales, et au point culminant, (cote 513), qu'il faut chercher le rocher tremblant de Campsoleil.

Pour plus de sûreté prenons un point de repère. Quelques mètres après s'être engagé dans le chemin de gauche, on aperçoit, quelle que soit la hauteur des taillis, la fort belle agglomération de Campsoleil (1). Sur une large assise plate, un bloc énorme, rappelant par sa forme le Rocher tremblant de Sept-Faux, mais de dimensions plus considérables, supporte deux blocs de volumes inégaux, entre lesquels deux autres de volume moindre sont superposés. Revenant au chemin que l'on suivait, il faut, quand on est arrivé au champ, traverser le bois en se dirigeant vers l'agglomération.

Au milieu du bois on trouvera, entouré de blocs qui forment derrière lui comme une « chambre », le rocher tremblant de Campsoleil, à peine connu, un des plus beaux du Sidobre et des plus imposants par sa masse. Il présente, vu de l'Ouest, l'aspect d'un gigantesque coquillage entrebaillé dont la partie supérieure, de 25 mètres de tour et de 3 mètres de haut, oscillerait sur son point d'attache.

Ici encore, comme à Sept Faux et à la Fusarié, on remarque un petit rocher au point précis où l'on pourrait appuyer un

---

(1) Comme il y a autour de Campsoleil beaucoup de belles agglomérations, je proposerai de nommer ce point de repère les rochers Bergé en souvenir de chasses à la bécasse, déjà fort anciennes où les épais gaulis ont trop souvent protégé ce fin gibier, mais où en revanche on trouvait ensemble de curieux rochers. Pas vrai Maître ?

levier. Ce très curieux rocher m'a été indiqué par Gressot, l'ancien garde de Campsoleil. Nous pouvons, après l'avoir visité, nous rendre, par le chemin au Nord duquel est l'agglomération, au carrefour de la Ferrière.

On voit de là, à 50 mètres environ au Nord-Est, et au milieu de taillis parfois impénétrables, une assise assez puissante surmontée de trois rochers. A quelques mètres en dessous, commence la branche Ouest du chaos de Campsoleil qui passe à la Ferrière Basse. A. Dumège les signale : « Quelques curieux, dit il, sont parvenus à « déranger le point de contact de deux de « ces rochers avec leurs bases ; ils ont « ainsi perdu la faculté d'être mis en mou- « vement avec la plus grande facilité ». Opinion discutable. Le Rocher tremblant, celui du Nord, est de forme plutôt ovoïde, tandis que les deux rochers au Sud ont de larges et plates assises qui permettent de croire qu'ils ont toujours été stables. Appelons les pour les désigner les Rochers Dumège.

Au carrefour, formant patte-d'oie, où nous sommes, trois voies se présentent vers l'Ouest. Celle de gauche vient d'être suivie. Celle de droite va à la Ferrière ; celle du milieu à Campsoleil par le versant du Lignon. C'est cette dernière qu'il faut prendre pendant quelques mètres. On la quitte après pour s'engager à droite dans un étroit sentier qui conduit à Cannaut. Remarquons toutefois à notre gauche, avant de pénétrer dans la lande de ce nom, un chemin se dirigeant vers le Sud qui va à Campsoleil et à Verdeaux. Nous en reparlerons.

Il y a dans cette lande, à l'orée du bois, un rocher que oscille beaucoup et très facilement. « Trémblo quan Aouto », disent nos paysans ; ce qui veut dire que le vent d'Autan le fait trembler. Il est situé au dessus d'un curieux assemblage de roches, au Nord duquel on remarque un rocher fendu. Une section de ce rocher a

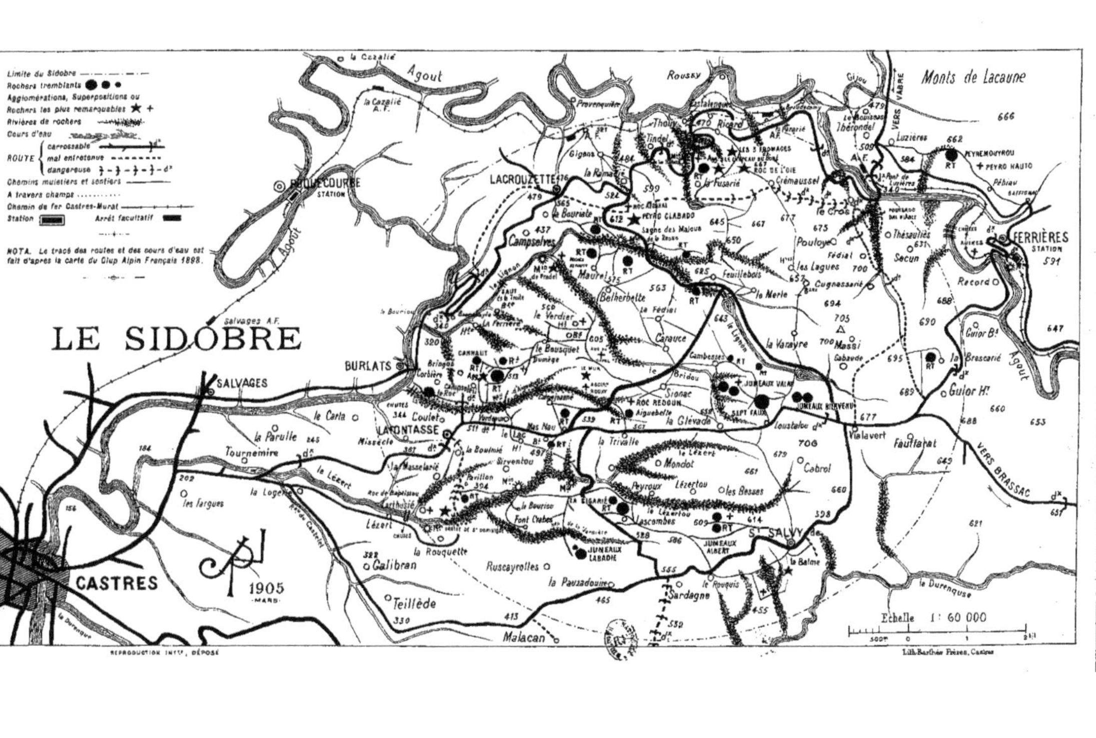
LE SIDOBRE
Limite du Sidobre
Rochers tremblants
Agglomérations, Superpositions ou
Rochers les plus remarquables
Rivières de rochers
Cours d'eau
ROUTE
carrossable
mal entretenue
dangereuse
Chemins muletiers et sentiers
A travers champs
Chemin de fer Castres-Murat
Station
Arrêt facultatif
NOTA. Le tracé des routes et des cours d'eau est fait d'après la carte du Club Alpin Français 1898.
Agout
Monts de Lacaune
ROQUECOURBE STATION
LACROUZETTE
BURLATS
SALVAGES
LAFONTASSE
CASTRES
FERRIÈRES STATION
VERS BRASSAC
VERS VABRE
St SALVY
Campselves
Tournemire
Calibran
Teillède
Malacan
Sardagne
PEYRO CLABADO
ROC REDOUN
JUMEAUX VALAT
Vialavert
Gulor Ht
1905
MARS
Echelle 1 : 60 000
REPRODUCTION INTde, DÉPOSÉ
Lith. Barthès Frères, Castres

glissé, sur sa base de granit en laissant béante une coupure aux parois parallèles. Au dessus de ce couloir est posé un rocher plat formant toit. Ce passage couvert conduit à une « Chambre » qu'une folle aurait parait-il habitée ? Désignons les sous le nom de Rocher tremblant et agglomération de Cannaut

Voici ce que dit A. Dumège : « A une « médiocre distance des masses dont nous « venons de parler » (les rochers Dumège) « on trouve encore deux pierres branlantes ; « l'une a 3 m. 80 de long et son cube est « 12 mètres Un seul homme la fait mouvoir « avec facilité. Elle ouvre alors un angle « d'un décimètre. La seconde a un mouve- « ment d'oscillation peu sensible. Son cube « est d'environ 10 mètres. Ces masses sont « placées dans le lieu dit Campsoleil. On les « nomme les Rocs d'al Pioch ».

Dumège a été mal renseigné. Le Pioch se trouve, à 1 Kilomètre et demi de là entre la métairie du Roc et Campsoleil. Il n'y a sur le Pioch aucun rocher tremblant. Nayral signale le Rocher tremblant du Roc et parle de « Rocs d'al Piot ». Bonhoure, instituteur à Burlats, qui connaissait mieux les lieux, les appelle : « Rochers tremblants du Lauzet ». Or le Lauzet est la partie boisée du versant du Lignon, qui de Cannaut va vers le Saut de la Truite. Il y a là en effet, à la lisière du bois de ce nom, le rocher tremblant de Cannaut et, « à une médiocre distance » dans le Lauzet, les rochers Dumège C'est donc à Cannaut, lieu que par erreur il appelle le Pioch, que Dumège indique deux rochers tremblants. (1)

J'ai parfois entendu dire que la partie boisée du Sidobre nous cachait un certain nombre de curiosités. Pourtant, quand les bois étaient coupés, un coup d'œil sur les

(1) Je connaissais depuis longtemps les rochers Dumège et Cannaut. Ces lectures me rendirent toutefois perplexe, et je remercie Louis Galinier de Burlats de m'avoir aidé à débrouiller ces textes divers.

environs m'a permis de croire que le second rocher décrit par Dumége est un de ceux qui se trouvent dans l'agglomération de Cannaut, au Sud-Est de celle-ci ; mais je ne vois pas qu'il mérite d'être signalé

De Cannaut, une belle échappée de vue s'offre au Nord-Ouest, au delà de la coupure formée par la gorge de St-Michel. Au Nord-Est on aperçoit le Saut de la Truite. Le Lignon tombe dans la vallée du haut d'un banc de roches qui réunit la rive droite, schisteuse à cet endroit (1), à la rive gauche granitique. Dans la lande et sous bois on pourra voir de beaux groupements et de curieux rochers. Un de ces derniers a la forme d'une selle arabe.

Le sentier, à peine tracé, qui continue celui par lequel on est arrivé conduit au hameau de Bringot; le chemin, au bas et au Nord de la lande, mène à la Ferrière et à Burlats. De l'agglomération de Cannaut il faut revenir sur ses pas 5 ou 6 mètres, et prendre la voie que nous avons remarquée avant de pénétrer dans la lande. Si les bois sont dépourvus de feuilles, les sapins près Verdeaux serviront de point de repère. Dans le cas contraire, il faut se diriger d'abord droit au Sud, en laissant à droite et à gauche des chemins d'exploitation, puis, à droite encore, un sentier qui par le Bois Obscur mène à Bringot. On arrive ainsi sous une magnifique futaie de chênes, bientôt centenaires, où l'on trouvera, en se dirigeant au Sud-Est le chemin pris au départ, qui descend au ruisseau d'Aiguebelle et conduit à Verdeaux.

En mettant tout au pire, en comptant les hésitations possibles et aussi la mise au point de MM. les photographes, une heure et demie au plus est nécessaire pour cette promenade qui est à mon avis le « Clou »

---

(1) M. Caravenc Cachin dit que le Sidobre est enclavé dans des marnes tertiaires, des schistes siluriens et du calcaire ancien (B[in] C[on]. Antiquites de Castres, Tome IV mémoire 13 déjà cité.)

d'une excursion. Ces épais taillis, surtout accessibles aux renards et aux sangliers, ces futaies presque séculaires, qui abritent parfois un élégant couple de chevreuils, contrastent avec les landes sauvages d'où l'on vient, ou que l'on va parcourir. Il est difficile de se figurer l'impression que produisent ces groupements de roches sous les hautes futaies. Les gens du pays, pourtant blasés, ne peuvent demeurer insensibles à ce spectacle.

Quel magnifique décor quand un oblique rayon de soleil ou de lune argente les rares bouleaux, dore les frênes, empourpre les hêtres de tons vifs et gais qui rehaussent l'ensemble vert des chênes, dont les robustes troncs se dessinent sur la toile de fond des noirs sapins et des beaux picéas !

Aux premiers plans, toutes les richesses de la flore sylvestre, muguets, perce, neiges, jonquilles, fougères variées, genêts, houx etc., complètent l'ornementation.

Pour moi, qui ai couru ces bois en toute saison et à toute heure, soit que le givre pare les rameaux dénudés de sculptures de cathédrale gothique, soit que les arbres aient revêtu les fines dentelures de leurs superbes frondaisons, je ne puis me lasser de les admirer.

Et que de fois merles ou grives ont chanté à portée de fusil se moquant insolemment du chasseur distrait !

Vallée d'Aiguebelle

Elle est toute petite et présente l'aspect d'un vaste parc. Le ruisseau naît dans une prairie entre Aiguebelle et la Trivalle. Il serpente un moment au milieu des pacages bordés d'épais taillis ; puis, sous bois et disparaît sous une belle rivière de rochers entre Verdeaux et Campsoleil. A la partie déclive du plateau, il passe en grondant sous un chaos du plus bel effet entre Coulet et le Roc, et s'en échappe pour tomber en cascades jusqu'auprès de l'Agout où il se jette à Burlats. Il reçoit pendant ce parcours les eaux des chaos de Canto-Gall et celles du ruisseau de Verdeaux.

C'est surtout par son aspect général que cette vallée se recommande, car à certaines époques, la hauteur des taillis rend difficilement abordables quelques unes des curiosités. Signalons pourtant les principales.

A 6 mètres à l'Est de la métairie d'Aiguebelle, un rocher tremblant assez volumineux, présentant la forme d'une olive, repose sur une assise peu élevée.

Non loin de Calmejeanne, au milieu d'un pré borné au Nord, par une allée de pins, à l'Est par la route allant du bassin du Merle au Mas Nauou, et au Sud-Ouest par un sentier qui va de ce dernier hameau à la ferme, on peut voir sur une assise de granit qui ne dépasse guère le sol, un rocher plus volumineux dont le bout est cassé et qui oscille beaucoup et facilement.

Ces deux rochers m'ont été indiqués par Numa Olombel et son métayer.

Le plus intéressant que je connaisse dans la vallée est certainement celui du Roc. Il faut pour le visiter prendre à la croix de Coulet le chemin qui va à la Ferrière.

Après avoir traversé le chaos, ont suit une nouvelle voie qui, longeant la rive droite du ruisseau, déssert la ferme du Roc et qui dévale ensuite en pentes très rapides jusqu'à Burlats. Cette ferme paraît littéralement accrochée aux flancs du Mont Paradis et est située dans un site très pittoresque. Au dessus des batiments, tantôt en escaladant, tantôt en rampant sous les rochers on arrive en dix minutes au pied d'une assise de 4 mètres de haut environ que dominent deux volumineux rochers. Celui du Nord oscille très facilement. Nayral raconte que le 1er Septembre 1828 un enfant de 6 ans le fit trembler. En précisant cette date l'auteur semble indiquer qu'on ne lui connaissait pas auparavant cette propriété

Parmi les principaux rochers. il faut citer le Roc Rédoun, (1) point géodésique qui est

(1) Rédoun en patois local veut dire rond.

mal nommé car il ne parait rond que vu du Sud. Il ressemblerait plutôt, vu de l'Est ou de l'Ouest à un brodequin reposant sur sa tige. De plus, bien qu'il soit dans la propriété d'Aiguebelle, les cartes au 80 et 100 millième le désignent sous le nom de Rocher du Verdier. Je lui laisse le nom de Roc Rédoun sous lequel il est connu dans la contrée.

Ce rocher étant pris comme point de repère, si, en lui tournant le dos on jette un coup d'œil sur la vallée, on remarque vers le Nord-Ouest de fort belles agglomérations émergeant des tailis de Rhouy et de Canto-Gall. La plus remarquable est une sorte de Mur cyclopéen au milieu duquel est un vide simulant une brèche. Il est situé sur le mamelon au Nord de la ferme de Calmejeanne.

Le nom de Calmejeanne se retrouve dans une région voisine de Lacaune. Mr. l'abbé Bouisset dans sa brochure « Calmejeanne, Callaret et Calmels » semble établir, en se basant sur l'explication des noms et sur des traces visibles d'emplacements d'habitations, que ces trois lieux, près Lacaune, furent autrefois un centre druidique important. Le mot Calmejeanne viendrait, d'après lui, de *Kall*, homme et *Méza*, manipuler ou conduire. C'était le village école, le gymnase où, comme le dit César « le désir de l'instruction aurait attiré auprès des Druides une nombreuse jeunesse ». Coïncidence au moins à signaler : auprès des deux Calmejeanne se trouvent des rochers à pic, (Roc de l'Enoué à Lacaune), où se trouve une brêche qui servait, parait il, à apprendre l'attaque et la défense: l'abbé Bouisset ajoute que ce collège avait établi tout à l'entour des monuments qu'il cite et qui dominent la plaine.

Je regrette de n'avoir que des documents qui ne sont pas irréfutables, une simple similitude de noms et une coïncidence à présenter, sans cela il y aurait une hypothèse intéressante à émettre : Celle du

Roc de l'Oie et des Trois Fromages érigés alors comme signaux pour indiquer la voie la plus directe entre les deux Calmejeanne. La très grande distance d'où l'on peut apercevoir ces deux groupes de rochers du Sud et du Nord et l'aspect des lieux à Calmejeanne pourraient seuls plaider en sa faveur.

Partout dans les bois de belles roches attirent le regard. Un bloc entre autres de forme ovoïde est juché au sommet d'un rocher conique.

On peut de Rhouy et de Canto-Gall, par Calmejeanne se rendre à pied à Verdeaux. A noter près de cette ferme un bloc de pierre taillée de 16 mètres cubes, le plus volumineux sans doute de tous ceux qui ont été taillés au Sidobre. Un autre de volume moindre est non loin de là, dans les bois plantés depuis. Cinq parallélipipèdes de ce genre, dont le volume allait en diminuant, devaient servir de piédestal à la statue de La Peyrouse élevée en 1849 à Albi. Quand il s'agit de les tranporter, on craignit, paraît-il pour la solidité des ouvrages d'art de la route.

On retrouve à Verdeaux et Coulet de hautes et belles futaies semblables à celles, déjà décrites, de Campsoleil et du Verdier.

Un peu plus loin que Coulet, sur le mamelon qui fait face à la ferme du Roc et qui commande la vallée de l'Agout, là où l'on s'attendrait à trouver quelque castel féodal, ce sont les ruines de l'église romane de St-Martial, qui désservait autrefois Lafontasse, que l'on aperçoit. Au milieu des ruines est un tombeau de famille, et sur le seuil de l'ancienne porte on peut lire la jolie inscription que voici :

Arribareï aïsi quand sounnara moun houro;
Trouba mous débanciès qué mé tendount la ma ;
Souï sigur dè béni, mais nou sabi pas couro,
Béléou séra pla tard, béléou séra douma. (1)

(1) J'arriverai ici quarnd sonnera mon heure,
Trouver mes devanciers qui me tendent la main ;
Je suis sûr de venir, mais je ne sais pas quand,
Peutêtre ce sera bien tard, peut être ce sera demain

Vallée du Lézert

Pour se rendre à pied de la Glévade à St-Salvy, il faut, par la traverse, une demi-heure environ. Peu après le départ de la Glévade, quand on rencontre sur le plateau le chemin que vient de Loustalou, on laisse la source du Lézert à 400 mètres environ au Sud du point de jonction.

Le ruisseau nait dans un vallon en partie boisé. Il coule, assez souvent sous roches, jusqu'à la Cazàlarié et reçoit en amont de cette ferme les eaux du chaos de Mondot ; puis celles de son principal affluent le Lézertou. Ce cours d'eau, que l'on franchit en dessous de Cabrol, sort de deux sources situées à coté de ce hameau et traverse peu avant son confluent le chaos des Besses.

Après avoir arrosé un moment les prairies de la Sigarié, le Lézert disparaît sous une belle rivière de rochers depuis le moulin de ce hameau jusqu'auprès de celui de Sirventou, où il arrose encore les prairies du Lac bas. Pendant ce parcours, trois petits chaos près du Lac haut ont été ses tributaires. Depuis le moulin de Sirventou jusqu'à celui de Lézert, ses eaux coulent souvent à une grande profondeur, sous la rivière de rochers de la Roquette où se trouve la grotte de St-Dominique. Il est grossi près du Bouriou par le ruisseau de la Vernière. Après le moulin de Lézert il quitte sa carapace de pierres pour reprendre, par une série de cascatelles du plus bel effet, le niveau de la périphérie. Il reçoit entre le moulin et la filature de Lézert les eaux du chaos de la Massalarié. A partir de ce dernier point, ce n'est plus qu'un joli ruisseau, bordé d'arbres, qui va serpentant au milieu des prairies se jeter dans l'Agout au Martinet.

Ses autres affluents ne présentent aucun intérêt pour le touriste. Pour se rendre compte de l'étendue des chaos il faut les suivre, du Moulin de la Sigarié à celui de Lézert ; ce qui peut se faire en partie. Pour cela, on prend à la Sigarié le chemin de

Sirventou jusqu'au moulin. Puis, en suivant toujours la direction Ouest, on arrive au Pavillon, où l'on descend au chaos ; on trouve là, longeant la rive droite, un sentier qui conduit à la Grotte. L'entrée de celle-ci est un peu au dessous d'un rocher très incliné sur lequel il faut passer. Puis, le même sentier aboutit au chaos, le franchit, et monte à la Roquette. Sans rentrer dans le hameau, on prend là une autre voie qui descend au moulin de Lézert et à la route.

La grotte se trouve dans le bois de St-Just à 400 m. environ du chemin de la Roquette à la Fontasse.

Borel en 1649, parlant de la Grotte du Lézert, dit que « le peuple appelle ce lieu « la Salle des pains blancs à cause que ces « pierres sont rondes comme des pains », et il ajoute « qu'il y a un ruisseau qui outre, « qu'il y a un pont naturel en pierre est « couvert durant un quart de lieue en dou- « ble voûte composée de grandes pierres « rangées une à chaque bord et puis une « ou deux sur celles là de sorte qu'on peut « marcher entre deux pour admirer ces « voûtes naturelles. »

« Marcorelle en 1718 complète cette des- « cription, « La grotte, dit-il, à 28 pieds de « long sur 10 de largeur moyenne et 15 « pieds de haut. L'entrée est une ouverture « irrégulière et étroite. Pour y passer il faut « se courber, mais dans l'instant on peut se « redresser et l'on s'y trouve au large. Le « dessus qui est en voûte et les cotés sont « formés par des masses de rochers énor- « mes, dégarnies de terre, et qui ne se sou- « tiennent entre elles que par leur contact « mutuel. On y voit clair partout, à cause « des ouvertures qui sont au dessus, et dont « l'une est à droite et l'autre à gauche. Le « pavé qui est irrégulier et raboteux est « formé par des rochers entassés les uns « sur les autres qui laissent entre eux plu- « sieurs crevasses de 8 pieds de profondeur « entre lesquelles coule le Lézert. Au fond « il y a une ouverture semblable à peu près

« à celle qui est à l'entrée et par laquelle « on pénètre dans des caves souterraines « qui ont 7 à 800 toises de longueur sur 10 « 12 de largeur et environ 30 pieds de « haut. »

En comptant la toise à 1,95 et le pied à 0,32, ces dimensions me paraissent un peu exagérées et je trouve déja fort le quart de lieue dont parle Borel

D'où vient maintenant le nom de Grotte de Saint-Dominique ? « Au dedans de la vou« te, dit Borel, on voit une de ces pierres « en forme de chaire. On l'appelle la chaire « de St-Dominique parce qu'on dit qu'il y « prêchait du temps des Albigeois. »

L'auteur donne pourtant à la grotte un autre nom. Depuis, un Dominicain, le P. Imbert, prêtre réfractaire, fut arrêté et exécuté à Castres le 13 Avril 1794 « Il était « alors, dit Nayral, parmi les rochers du « Sidobre non loin de cette grotte sauvage « qu'une tradition peu probable prétend « avoir été habitée par Saint-Dominique ». « A. Combes ajoute que le P. Imbert pour« vut aux besoins du culte dans le Sidobre, « et vécut un an et demi dans la grotte » ; C'est à dire 1793-94 C'est prob'ablement ce dernier fait qui a avivé une légende vraisemblablement dénuée de tout fondement. (1)

Il y a trois grottes qui se suivent. La seconde est la plus grande et la troisième la plus petite. Elles sont réunies entre elles

---

(1) Le moine espagnol Domingo, béatifié depuis, arriva dans le pays en maitre, au début du XIIIe siècle, à la suite des hordes victorieuses de Simon de Montfort. Il fonda, comme on sait, l'Ordre des Dominicains qui, grâce à l'appui du dit Monfort, était déja tout puissant dans la contrée dès 1223 et primait tous les autres. Ce n'est qu'au début du siècle suivant, et bien après sa mort, qu'eut lieu la révolte contre la tyrannie insoutenable des inquisiteurs dominicains. La légende la plus vraisemblable serait que la grotte a pu servir de refuge à des Albigeois, victimes de St Dominique et de son Ordre.

(Voir Histoire de Languedoc et Hauréau ; Bernard Délicieux ou l'Inquisition Albigeoise.)

par des couloirs tortueux. Au fond du premier couloir est une cascade formée par les eaux du Lézert, assez jolie surtout dans le cadre où elle se présente. Ce décor dut faire au bon Borel une très forte impression car il écrit que « le bruit de la chute est si grand qu'il l'ose comparer aux cataractes du Nil » (sic). On peut arriver là assez facilement et avec de bonnes lanternes à réflecteur, on aperçoit très bien au dessus de la chute la 2e grotte peu abordable. Pourtant sa visite serait nécessaire à ceux qui prôneraient la théorie des glaciers ; mais il faut compter une bonne après-midi pour cela car on ne peut avancer facilement et sans précautions On verrait là des rochers érodés par les eaux dont certains ont l'aspect « de marmites » ou « moulins » de glacier. Bien que moins belles, les « chaires » de la première grotte peuvent en donner une idée.

Il y a là à gauche, non loin de l'entrée, un bloc qui a été fendu probablement par le poids de la voûte. A la partie restée en place on peut voir le granit poli comme du marbre et au bas le trou par lequel a pu passer la « meule » après avoir traversé le bloc de part en part. En dessous, dans le lit du ruisseau est l'autre morceau. Les deux sections réunies devaient présenter la forme d'une jarre énorme de 3 ou 4 mètres cubes. Un autre rocher similaire se trouve du même côté mais il est moins intéresant.

En dessous, dans le lit du ruisseau, on voit non loin de l'entrée un petit rocher simplement érodé par l'eau. On le nomme « le bénitier ». Il a la forme d'un vase et est toujours rempli par l'eau qui à cet endroit tombe goutte à goutte de la voûte. On pourra comparer la rugosité de ses parois intérieures avec le poli de celles des « chaires » qui sont à coté.

Visitons maintenant les principales curiosités de la vallée. De St-Salvy, un chemin de traverse de 3 kilomètres 1/2 permet de se rendre en moins d'une heure à pied à la Sigarié. Après l'avoir suivi 500 mètres environ, on le quitte pour prendre à droite un chemin d'exploitation qui par le versant Nord du côteau va au bois d'Enbaïsso. Après un kilomètre, on verra en dessous de cette voie une grange neuve..dite de Corbière qui peut servir de point de repère. A 100 mètres à l'Ouest de cette construction, et à la même distance qu'elle du chemin, on remarque une agglomération formée de deux blocs juxtaposés. Elle ne dit pas grand chose extérieurement mais on est étonné en pénétrant entre les rochers de se trouver dàns une assez vaste « chambre » ovale à deux issues.

En continuant à suivre le chemin d'exploitation on rencontre 80 mètres plus loin environ, un rocher sphérique posé sur un bloc volumineux qui domine le chemin au Sud. Ce rocher ne sert que de point de repère à un second, de même forme, semblablement situé qui est 20 mètres plus loin et qui oscille beaucoup. Ce premier rocher reconnu, en descendant droit au Sud dans le bois; 30 mètres environ, on en trouverera un second en forme de poire qui est mis en mouvement plus facilement encore.

La ferme des Besses apparaît au N. N.-O. sur le mamelon en face. Elle peut aussi servir de point de repère. J'ai appelé ces deux curieux rochers, qui méritent d'êtres vus, surtout étant si proches de St-Salvy, les Jumaux d'Albert du nom du carrier, propriétaire de cette partie de bois, qui me les a indiqués.

Revenant sur nos pas et continuant à suivre la traverse vers la Sigarié, sur le plateau qui domine le hameau, le panorama est du côté de la plaine ce que celui de Massi était pour la région montagneuse. On a, surtout quand l'air est bien débarrasse de brumes, la veille d'un jour de vent d'Autan, par exemple une vue admirable de la chaîne des Pyrénées. Derrière la

Montagne Noire apparaissent les sommets du Canigou et du Carlitte et à mesure que ses pentes s'abaissent vers le col de Naurouze la vue s'étend sur les Pyrénées jusqu'au Pic du Midi, et au Nord-Ouest les côteaux du Lauraguais et peut être même du Quercy limitent l'horizon.

Après avoir suivi cette voie 2 kilomètres et demi environ, cent mètres avant d'arriver à la hauteur de la ferme de Lascombes, on rencontre un carrefour d'où partent trois chemins. (Depuis St-Salvy on a marché droit vers l'Ouest, négligeant les embranchements de droite et de gauche). Tous trois vont rejoindre la route de Sardagne au Lac. Celui de gauche, qui passe par la ferme, est le plus direct et aboutit à cette route 500 mètres environ en dessous de Lascombes. Les deux autres y aboutissent après 1 kilomètre ; celui du milieu en suivant la crête et celui de droite en descendant sur le versant du Lézert. C'est ce dernier qu'il faut prendre, et 20 ou 30 mètres après s'y être engagé on aperçoit à gauche une plate forme, à fleur de terre au Sud, que termine au Nord un à pic de 8 mètres de haut et 12 mètres environ de large.

Elle est située au centre de belles agglomérations. Quelle que soit la hauteur des taillis, on aperçoit, dominant cette assise, un bloc de 20 mètres de tour et de 2 mètres de haut. Ce beau et volumineux rocher tremblant vient comme intérêt en 3e ligne après Sept-Faux et Campsoleil. Il présente au Nord une forme plutôt rectangulaire rappelant assez celle de la pierre branlante de la forêt d'Huelgoat en Bretagne, mais au Sud il est de forme arrondie comme celle d'un pain.

En nous dirigeant vers la Sigarié toujours par le même chemin, dès que l'on arrive à hauteur de la ferme de la Cazalarié, que l'on voit au Nord, dominant la rive droite du Lézert, on aperçoit sur la lisière du bois, à droite de la voie que l'on suit, un rocher sphérique placé sur un bloc élevé.

Il nous servira de point de repère. Arrivé-là, il faut se diriger vers le champ qui est au Sud Ouest et avant d'y arriver, à 30 mètres environ du point de repère, on voit le curieux *casse-cailloux* qui dans son oscillation réduit en poussière avec une aisance déconcertante les pierres les plus dures qu'on lui offre. Les débris qui l'environnent le feront facilement reconnaître. Il est situé non loin et au Nord-Est de la cote 578.

On arrive bientôt, toujours par la même voie, au hameau, qui n'est plus distant que de 600 mètres environ. On peut aussi pour visiter ces deux rochers quitter la voiture en dessous de Lascombes et envoyer le cocher attendre à la Sigarié.

Notons en passant dans un petit chaos en dessous du Lac Haut un rocher tremblant assez volumineux mais sans grand intérêt.

Si, des hameaux de la Sigarié ou de Sirventou, on prend au Sud le chemin de Ruscayrolles, 1 kilomètre après avoir franchi le ruisseau de la Veruière, et 100 mètres environ avant l'endroit où le chemin tourne pour monter à la ferme, on remarque à 5 mètres à gauche sous bois un rocher tremblant de 4 mètres de diamètre et de 1 mètre 50 de haut. Un peu au Nord de celui-ci est un autre tout petit rocher tremblant de forme allongée dont l'extrémité manque. Dix mètres a peine les séparent et leur aspect est celui d'une casserole couverte dont la queue cassée aurait roulé tout à côté.

A Crémaussel, un carrier, originaire de la Sigarié, me signala le R. T. de Ruscayrolles. Parti à sa recherche j'eus la chance de m'adresser au propriétaire de Lascombes, qui me fit voir son rocher tremblant et le Casse-Cailloux. Je dus, à une autre excursion, avoir recours au garde de la propriété qui voulut bien m'indiquer ce rocher. Ce n'est que plus tard en allant le photographier que, bien par hasard, nous posâmes les appareils sur le petit rocher tremblant, malgré leur taille très inégale je les décorai du nom de Jumeaux Labadie pour rappeler le nom de l'auteur de « Deux jours à bicyclette au Sidobre »

Le même garde me fit voir entre Ruscayrolles et Malacan, dans la partie granitique connue sous le nom de Sidoubret, (1) un rocher, de belle forme ovoïde, se terminant légèrement en pointe ; mais nous n'avons pu lui faire accuser la moindre oscillation bien qu'il passe dans la région pour un rocher tremblant.

C'est du reste, un peu, le sort de certain autre rocher, signalé très anciennement et qui jouit encore d'une grande renommée. Je veux parler du R. T. de la Roquette que l'on trouve non loin et au Nord du chaos du même nom, au bord du chemin qui réunit ce hameau à la Fontasse.

Borel nous dit qu'il est « situé de telle « sorte qu'avec un doigt on peut le faire « visiblement trembler, et non avec tout le « corps car cette force est trop violente « pour la délicatesse de son assiette .. On « s'est même pris garde que le vent le fait « mouvoir et on n'a pu le remuer y ayant « attaché plusieurs paires de bœufs ».

Marcorelle dit à son sujet « Le roc qui « tremble est placé à un des angles du ro- « cher qui lui sert de base, si près du « bord que sa circonférence inférieure n'en « est éloignée que d'environ 1 pied 1/2 et « qu'un plomb qui passerait par les endroits « du roc les plus avancés tomberait au « delà de celui qui lui sert de base..... Il « n'est pas moins remarquable que le pilier « branlant de l'église de Reims, Si cette « dernière merveille a été en 1717 le sujet « des réflexions du czar Pierre I l'autre a « attiré les regards et a intéressé la curio- « sité de S. A. R. le duc d'Orléans régent « du royaume Ce prince qui avait un goût

(1) Par erreur M. Caravene Cachin place le Sidoubret près de Ferrières et de Vabre.
(Commission des Antiquites de Castres (Tome IV. mémoire 13 déjà cité).

« naturel pour les sciences les plus élevées « donna des ordres en 1718 pour qu'on lui « envoyât le plan du Roc tremblant avec détail de toutes les particularités qui « peuvent servir à le caractériser. » (1)

Dumège le compare à un « œuf aplati qui reposerait sur le petit bout » Il estime son volume à 12 mètres cubes.

La vallée du Lézert est principalement remarquable par l'étendue de ses chaos, réserves d'écrevisses, peu abordables mais sûres. C'est aussi la plus cultivée du plateau. Elle présente un aspect tout spécial qui n'a rien de commun avec les landes arides de la vallée du Lignon, les superbes frondaisons de celle d'Aiguebelle et les grandeurs sauvages et pittoresques des gorges de l'Agout et de la Durenquse.

Il y a pourtant à signaler de beaux groupements de roches, sur le plateau de St-Salvy. près de Lascombes, vers Cabrol, au dessus de Sirventou ; près de Ruscayrolles ; à la Boulmié où se retrouvent un moment les jolis sous-bois et les superbes avenues presque centenaires ; et près de l'Arthusié (Roc de Baptistou)

J'ai été amené dans le courant du récit à fournir quelques notes d'histoire locale. Le lecteur trouvera peut-être intéressant de connaître quels étaient autrefois les droits respectifs des différentes classes de la société et de quelle façon elles pouvaient les faire valoir. Le titre dont j'ai parlé, recueilli par Mr. L. Barbaza, trouve sa place ici.

« Le 11 Octobre 1545 il y a procès devant « le Juge de la Juridiction de Lamouzié en- « tre nobles François Nadal coseigneur de « Lacrouzette et de Lézert et Pierre Nadal « son fils (2) accusant et accusés d'une « part et Jean Arthus du masage de Gali-

---

(1) Revue du Tarn IV.

(2) Jean de Nadal son frère, dont a été question, était cadet de la maison de Lézert. Il débuta comme archer en Piémont à la Cie de Damville, depuis duc de Montmorency.

« bran plaignant et accusé d'autre part « au sujet d'un conflit et batteriequi se sont « passés entre eux. »

Pierre Nadal chassait et, cherchant son fauçon qu'il avait perdu, rencontra Arthus qui gardait son troupeau Ce dernier « per- « mit que ses chiens mâtins se batissent « avec les chiens de chasse, et il y eut dis- « pute entre eux ». Des paroles on en vint aux coups et le dit Arthus « batit aigrement « Pierre Nadal et le rua par terre des coups « qu'il lui avait baillés sur la tête et autres « membres de sorte qu'il dut tenir et tenait « encore le lit » au moment du procès.

François Nadal invoque un alibi douteux prétendant avoir, pendant la dispute, cherché un autre faucon du côté opposé.

Arthus prétend au contraire avoir été battu par Pierre Nadal et son père et avoir été blessé aux mains par tous les deux.

« En sorte qu'il y eut procès et que l'on « nomma des arbitres Jean Rolland vieux « bourgeois de Castres fut désigné par les « Nadal et Pierre Prades cordonnier en la « même ville par Arthus dont il était le « parrain. On prit pour tiers le vicaire de « St-Hyppolyte ».

Les faits exposés, les arbitres « reconnais- « sant que de toutes parties il y avait coulpe « et défaillance » condamnent les Nadal aux « dépens et à 15 livres tournois de domma- « ges au profit d'Arthus moyennant quoi le « dit Arthus devait se tenir quitte envers « lui du dit excès ».

Cela fait remarquer, comme le dit M. Barbaza, « le peu de distance qui exis- « tait entre les gentislhommes campagnards « et les paysans », mais cela prouverait aussi la puissance des privilèges qu'avaient su obtenir patiemment, mais avec beaucoup d'esprit de suite, les consuls de Castres, Lacrouzette etc. Leur Juridiction ne fut pas la seule, hélas, mais dans les cas qui y étaient soumis ils obtinrent dès le seizième siécle la justice égale pour tous.

Vallée de la Durenque

Né près d'Anglés, au Faü Rédoun, le ruisseau se jette dans la Durenque, dont il est le principal affluent, à Boissezon. Sa vallée, connue des pêcheurs de truites, n'offrirait au visiteur que ses beaux sites, s'il ne s'y trouvait, autour de l'éperon où est bâti le pittoresque village de Saint-Salvy, cinq chaos dont certains comptent parmi les plus beaux du Sidobre.

On les nomme Sigourre, Passot, la Balme, les Gourcs et Vialavert.

L'un d'eux mérite surtout l'attention du touriste. De l'avis de tous, le chaos de la Balme est le plus beau et le plus imposant de toute la région granitique ; entouré de rochers énormes, de groupements les plus grandioses et les plus étranges, ayant à sa gauche les plus gigantesques agglomérations du Sidobre, il se fait encore remarquer par le volume des blocs qui le composent.

Nul chaos, pas même celui de Las Hortés, ne possède de pareilles masses. Comme la plupart des rivières de rochers voisines, la Balme ne peut être vue de la route. Il faut, dans le village même de St-Salvy, prendre en dessous de l'Eglise, un chemin qui se dirige vers l'Ouest et rejoint la route de Castres au Rouquis. Quand on arrive en vue du chaos, on remarque sous bois un bloc de très grand volume, de forme plutôt cubique, que supportent d'autres rochers. C'est la Balme proprement dite, vaste espace couvert sous lequel un petit troupeau pourrait trouver abri. Il faut rentrer sous bois pour la visiter.

On ne risque pas de se perdre. Le chemin que l'on suivait passe au Nord et derrière la grande agglomération, et deux sentiers, un de chaque côté du chaos, vont rejoindre une autre voie que l'on aperçoit, en dessous, au Sud ; ce qui permet de faire tout le tour de cette partie du chaos, de peu d'étendue il est vrai, mais du plus bel effet, surtout vue des rochers qui forment une plate forme à l'Ouest. En s'y rendant on remarquera, près du chemin de dessous, un bloc dont la partie inférieure est évidée et qui s'appuyant sur un autre rocher forme abri.

On peut, après avoir regagné au Nord le chemin pris au départ, rentrer à St-Salvy en prenant, après la grande agglomération, un sentier à gauche qui aboutit à la route, à côté de la dernière maison, à l'Ouest du village.

Le long chaos de Vialavert peut être vu de la route qui va de cette ferme à St-Salvy. Celui des Gourcs est d'un bel effet, mais après la Balme il ne mérite pas une descente suivie d'une montée à pic pour être examiné. Passot et Sigourre sont moins beaux. Les cours d'eau qu'ils nous cachent sont, en majeure partie, couverts de roches de leur source au confluent.

De Castres à Malacan, la route ne présente pas grand intérêt pour le touriste. Quelques cyclistes seuls, craignant les fortes rampes de Lafontasse et de Lacrouzette pourraient se décider à commencer par là leur excursion. Mais à partir de ce hameau, la route traverse la région granitique, connue là sous le nom de Sidoubret, et elle est aussi belle que celles du plateau.

De Sardagne à Vialavert, elle est particulièrement intéressante à parcourir. Taillée à flanc de côteau, à 600 m. d'Altitude, bordée de profonds précipices, elle présente les plus vastes horizons sur l'Espinouse, et l'on remarque de tous côtés des blocs ou des groupes du plus saisissant effet. A signaler entre autres, près Sardagne, un rocher servant à l'occasion d'aire à dépiquer, qui offre la plus grande surface granitique du Sidobre.

Autour du coquet village de St-Salvy, que quelques malins n'ont pas craint de choisir pour leur villégiature estivale, de nombreux carriers ont établi leurs chantiers.

Déjà en 1649 Borel parle du travail du granit au Sidobre « on en faisait, dit-il, de « fort bonnes meules de moulin, des auges, « des pierres à foyer et des bâtiments ».

Mais le pays étant ici très accidenté et les chantiers peu rapprochés les uns des autres, cela ne dépare pas trop actuellement son aspect général. Ce sera pour longtemps encore, espérons-le, un des plus jolis coins de la région et le séjour de prédilection des disciples de St-Hubert et de St-Pierre.

Excursions au Sidobre

Une dizaine de routes, et un grand nombre de chemins de traverse et autres, sillonnent la Région granitique en tous sens.

Pour visiter agréablement le Sidobre, je ne saurais conseiller la bicyclette ; pas même l'automobile ; à moins que le touriste n'ait à sa disposition un chauffeur sur lequel il puisse compter. L'itinéraire que je vais indiquer vous en donnera l'explication. Une partie du trajet, si minime soit, elle doit être faite à pied. La « bécane » est alors un embarras, et l' « auto » occasionne une série d'aller et retours, qui enlèvent à l'excursion une trop grande partie de son charme, sans que j'y trouve compensation. En ce qui me concerne je préférerais y aller à pied. Mais, comme chacun voyage selon ses goûts, je prie les fervents de ces deux sports, de se méfier en général de tous les chemins qui du plateau dévalent vers la périphérie. Tous est peut être trop dire. Heureux si je puis, en créant cette appréhension, faire éviter des accidents comme ceux du Pont de Luzières que rappellent une plaque commémorative du Touring Club. (1) Un coup d'œil sur les cartes de la région et un sérieux examen des cotes de niveau, avant le départ ne peut que leur être recommandé.

---

(1) Le conseil d'administration du Touring Club a voté en outre, en séance du 25 Novembre 1904 :

« 350 francs pour participation dans les dépenses « d'aménagement d'un filet de protection au pont de « Luzières sur l'Agout (Tarn) où se sont produits « plusieurs accidents mortels ».

(Revue mensuelle du T. C. F. Décembre 1904).

On pourrait, presque sans mettre pied à terre, faire l'excursion à cheval ; mais on ne trouve pas à Castres de chevaux de selle à louer.
Une voiture légère, attelée de deux bons chevaux, est encore ce qui conviendra le mieux à la plupart des touristes. Si l'on prend des breaks ou des landaus, il est urgent de mettre trois chevaux aux limons.

Quant aux repas, tous les villages dont j'ai parlé possèdent de bonnes auberges où l'on est généralement bien à des prix très abordables.

Il ne m'appartient pas de faire de la réclame pour tel ou tel de ces établissements. Je vais dans tous. Le mieux serait de suivre les conseils des cochers, gens habituellement gourmands, qui connaissent bien les bons endroits.

Il me reste à dire comment on peut, dans un jour, voir les principales curiosités du Sidobre. Je donnerai pour cela l'itinéraire que je sais par expérience convenir en général aux visiteurs ; j'indiquerai d'abord le maximum qui peut être fait et dirai après ce qui peut être supprimé.

Douze heures de route, coupées par deux bonnes heures de repos, sont nécessaires pour cela. Ce total de 14 heures se répartit entre 5 h. du matin et 7 h du soir, avec repos de 11 heures 1/2 à 2 heures. Si l'on part plus tard, les heures de repas et d'arrivée s'en ressentiront ; car, partant de 156 m. d'Altitude pour aller à 660, il ne faut guère compter rattraper en route le temps perdu.

Il est préférable, au point de vue de l'éclairage général pour la photographie, de commençer par BURLATS, que 9. kilomètres en plaine séparent de Castres. Après la visite aux *ruines romanes* il faut monter au plateau et compter pour cela une bonne heure et demie. La vue de nos bijoux romans entrainera sûrement un échange de vues et une agréable conversation pendant un moment, mais comme l'air est vif dans la montagne, et que l'on déjeunera tard, il serait pratique de s'être muni de certains de ces « harnois de gueule » chers au bon du Fouïlloux. Ce qui ne nous empêchera pas d'admirer quelques jolies échappées de vue sur la vallée de l'Agout, puis le vaste horizon que l'on découvre du plateau.

A LACROUZETTE, (14 kilomètres), on peut voir, non loin du croisement des routes, vers l'église, une vieille maison du XVIe Siècle. Après ce village on monte encore un peu jusqu'à la *Ramadié*. Nous voilà à 524 mètres d'Altitude, et jouissant d'un vaste panorama sur la vallée de l'Agout, où l'on descend jusqu'au dessous du hameau de la FUSARIÉ (18 kilomètres). On doit descendre là de voiture et envoyer le cocher attendre à la Sagne des Malous (24 kilomètres) au Sud de Peyro Clabado.

Il est bon de s'assurer si la prairie où se trouve, à 50 mètres au Sud de la route, le *R. T. de la Fusarié* n'est pas irriguée. En ce cas mieux vaudrait renoncer à le voir. Après avoir visité le *Chaos de Foulettou* (branche Est de *Las Hortés*) on monte à pied à RICARD ; de là, les *Trois Fromages* nous indiquent la direction et le chemin à suivre pour aller au *Roc de l'Oie*. De ce dernier point géodésique, (667), on voit très bien, au Sud Ouest, *Peyro Clabado*. Il serait difficile de se perdre. En suivant la crête, on se dirigera par *le Désert* vers le hameau de la FUSARIÉ, en passant non loin de l'Agglomération de ce nom. Au *bassin de la Fusarié*, on rejoint le chemin du CROS à Lacrouzette. On aurait pu pour éviter de faire sur route environ 1. kilomètre à pied envoyer le cocher attendre là ; mais comme il faudrait encore descendre pour visiter *Peyro Clabado* cela ne vaut guère la peine. De la *Sagne des Malous* où l'on remonte en voiture, on est bientôt rendu au *Bassin du Varayre*, où on la quitte de nouveau pour visiter le Groupe de SEPT-FAUX en commençant par les *Jumeaux Bienvenu*. Ceux-ci se trouvent au Sud-Est du bosquet de pins qui couronne le versant Sud du Lignou et l'on voit bien de la route ce bosquet et le chemin qui y conduit.

Si l'on est parti à 5 heures du matin de Castres, il est environ 10 heures quand on arrive au Bassin du Varayre. C'est là que letouriste devra faire un choix entre *l'auberge de la Glévade*, 31 kilomètres), et le nouvel *hôtel du Sidobre* à St.-SALVY, (36 kilomètres). Dans le premier cas on peut envoyer le cocher commander le déjeuner (1) ; dans le second il attend à *Loustalou*, d'où, par *Vialavert*, on est vite rendu à St-SALVY. Il est environ 11 heures et demie et l'on a vu dans la matinée pas mal de curiosités. Après un repos nécessaire, surtout pour les chevaux, on peut, vers 2 heures, continuer l'excursion en visitant *la Balme*. Le cocher va attendre au *Rouquis* et vous dépose ensuite au dessous de la ferme de *Lascombes*, pour visiter à pied le rocher tremblant et le *Casse Cailloux*. A LA SIGARIÉ, (42 kilomètres), on remonte en voiture pour se rendre à *Verdeaux*, (45 kilomètres), d'où l'on visite à pied le groupe de *Campsoleil*. Au retour, selon le temps dont on dispose, on peut rentrer directement à CASTRES, (54 kilomètres), ou bien faire un crochet par *Lézert*, qui allonge de 2 kilomètres environ, pour voir la *Grotte de St-Dominique*. Si l'on peut compter sur assez de jour, en quittant la voiture au *Pavillon*, on envoie le cocher attendre à la ROQUETTE ou au *moulin de Lézert*.

Si l'on est pressé par le temps, ou que l'on trouve désagréable de se lever à l'aurore, je ne vois guère, si l'on veut réellement visiter le Sidobre et non simplement aller y déjeuner, que le *R. T. de la Fusarié*, les rochers *secondaires* des groupes de Lascombes et Campsoleil. (Les rochers

(1) Les lettres jetées à Castres avant 9 heures du soir n'arrivent que le lendemain vers 2 heures après-midi à ces deux endroits. Si l'on veut prévenir il faut écrire l'avant veille.

tremblants de *Lascombes* et *Campsoleil* doivent toujours être visités), et le *chaos de la Roquette* qui puissent être supprimés. On gagne ainsi près de deux heures.

Si le touriste préfère consacrer *deux jours* à l'excursion, il est facile de greffer sur cet itinéraire *l'excursion de* FERRIÈRES. En ce cas le départ de CASTRES peut être retardé d'une heure et demie. Après avoir vu le *Roc de l'Oie* et *Peyro Clabado*, on complèterait par une visite *à la Barque* et *Maurel*. Après le déjeuner à LACROUZETTE, on se dirigerait sur FERRIÈRES d'où l'on irait à *Peyremouyrou*. Les chefs-lieu de canton VABRE et BRASSAC sont peu distants de FERRIÈRES ; on pourrait terminer dans un de ces villages la première étape. On continuerait l'excursion le second jour par SEPT FAUX, telle qu'elle a été indiquée, en la complétant, si l'on veut, par la visité aux *Jumeaux d'Albert* et au *Rocher du Verdier*. (1)

J'ai parlé du futur chemin de fer Castres-Murat, mais je n'ai pas eu l'occasion de dire dans le courant du récit que la mise en exploitation du tronçon de ligne Castres-Vabre, qui intéresse plus spécialement les visiteurs du Sidobre, serait bientôt un fait accompli et que sous peu nous irons aussi à Ferrières et Brassac par l'embranchement du Bouissas.

J'aurais pu indiquer à l'itinéraire de deux jours comment la nouvelle ligne, invisible jusques là, se présente tout à coup, au touriste qui suit la route de Lacrouzette au Pont de Luzières, au tournant de Beaudecamy haut On voit de là les plus remarquables des nombreux travaux d'art de la route. Les hauts viadues de Beaudecamy et

(1) Voici les endroits où, à leurs risques et périls, on pourrait laisser bicyclettes et automobiles, si l'on tenait absolument à faire ainsi l'excursion. Cirque de la Fusarié, (sans descendre de machine, coup d'œil général) ; 1°, Bassin de la Fusarie ; 2°, Lacrouzette et Ferrières ; 3°, Loustalou ; 4°, Saint-Salvy ; 5°, La Sigarié ; 6° Verdeaux. Retourner de là à Castres sans songer en « auto » au casse-cou de la Roquette

du Bouïssas franchissent l'Agout et le Gijou; ce dernier près de son confluent. Le viaduc courbe des Labans disparait en partie derrière un banc de granit qui rendait, à cet endroit, la rive droite du Gijou inabordable aux constructeurs de la voie.

J'ai voulu voir de près ces ouvrages et c'est, en partie à pied, que j'ai fait le trajet de Castres à Vabre ; (27 kilomètres par la voie). J'avoue, en dépit du balast et de nombreux faux pas sous les tunnels, être revenu étonné et ravi de mon excursion. Certains de ces ouvrages honorent vraiment ceux qui les ont conçus ou exécutés. Il serait long de les citer tous Je signalerai toutefois le long tunnel de Provinquières et le tunnel courbe du Roussy.

C'est surtout depuis Roquecourbe que la ligne est intéressante à parcourir. Au dessus de la gare de cette vieille ville manufacturière, se voient les ruines de l'ancien château que les Montforts, puis les comtes de Castres, ont longtemps habité. Heureux Roquecourbains ! la Fontaine de Siloé, d'antique célébrité, était tarie ; ils auront maintenant les eaux ferrugineuses venues du tunnel de Sainte-Juliane, qui coulent actuellement des deux côtés de la voie.

La halte de la Cazalié dessert Montredon. Nous voici dans la gorge de l'Agout. Nous ne la quitterons que pour suivre le cours torrentueux du Gijou, parfois détourné pour faire place à la voie ferrée.

Je ne recommanderai pas la halte de Provinquières, qui dessert Lacrouzette, comme point de depart pour les excursionnistes. Peyro Clabado, la curiosité la plus voisine, est à 3 kilomètres de la ligne, dont deux de côte trop rapide.

La Halte de la *Pararié-Beaudecamy* (1) me paraitrait préférable. On peut avant

(1) Les études pour l'installation d'une usine d'électricité ont été poussées jusqu'à la Pararié. Une rigole de plus de 6 kilom., passant sous Thésauliès et le Cros, aurait amené là les eaux captées à Ferrières. Par leur chute de 156 mètres, elles auraient produit une force de beaucoup supérieure aux besoins de la traction et dont le surplus était, pour un certain temps au moins, sans emploi probable. Cet éblouissant projet doit prudemment dormir dans quelque carton.

d'y arriver, jouir de quelques belles échappées de vue sur la région granitique. C'est d'abord le Chapeau du Curé, rapidement entrevu. Puis Ricard, les Trois Fromages et le Roc de l'Oie qui se profilent sur une pente plus abordable.

L'excursion, *Cirque de la Fusarié*, Roc *de l'Oie*, *Peyro Clabado*, a été décrite, et aussi celle aux rochers tremblants de *la Barque* et *Maurel*. Mais partant de Castres à 7 h. du matin pour y retourner à 7 h. du soir, le touriste disposera de 10 heures. N'espérons pas de quelque temps, voir guides et mulets attendre à la Pararié les visiteurs, mais tout cela peut se trouver dès à présent à Ricard. A Crémaussel aussi, hameau voisin du Roc de l'Oie, le premier gamin venu peut, pour une modique récompense, indiquer les traverses qui conduisent au *bassin du Merle*, distant de deux kilomètres, et à celui du *Varayre* ; de là l'on visiterait le *groupe de* SEPT-FAUX. On déjeûnerait dans ce cas à la GLÉVADE et par CAMBESSES ou SIONAC, on irait rejoindre, près de CARAUCE, la route du Mas Nauou au *Bassin du Merle*.

Après avoir vu *Peyro-Clabado*, on prendrait le soir le train à Provinquières. Total 16 kilom., en majeure partie sur le plateau. Il serait facile de faire plus.

L'excursion FERRIÈRES-*Peyremouyrou* est aussi toute indiquée.

La principale curiosité de la région, le SIDOBRE, sera donc ainsi à la portée de tous. La nouvelle ligne aidera à le faire connaître ; et rien ne m'étonnerait moins que de voir trouver plus avantageuse, par nos carriers, l'exploitation des *bancs* de beau granit des Monts de Lacaune, qui sont voisins de la voie ferrée. Ce qui sauverait de la destruction pas mal de *blocs* du plateau.

Voila mes notes, à peu près complètes cette fois, sur notre région granitique. Je dis à peu près, parce que la nouvelle ligne rendra plus abordable la région du Cros, qui nous réserve, peut-être, des surprises.

Pour que le lecteur s'intéresse à la protection des plus curieux rochers, pour rendre plus facile la recherche des curiosités, j'ai remanié, corrigé et complété de mon mieux d'autres notes. déja parues dans l'annuaire du Club Alpin 1898. J'espère que mes compatriotes et les touristes pour lesquels j'écris, voudront bien excuser quelques mesures élastiques. J'ai pour habitude de me promener le Kodak ou le fusil en bandoulière, plutôt que le décamètre en poche et je prefère un beau cliché avec point de répère à une estimation en mètres cubes, froide comme un chiffre.

En terminant ces lignes, j'adresse mon meilleur souvenir à M. V. Baron, mon agréable compagnon de voyage en Italie et en Suisse. Etabli en Bretagne, il aimait bien son pays d'adoption qui n'avait plus de secrets pour lui. Ce qui ne l'empêcha pas de manifester son admiration dans une visite que nous fîmes ensemble au Sidobre, et de m'engager fortement à le faire connaître.

J'avais eu juste le temps de dénicher ou de me faire indiquer la majeure partie des curiosités quand je fus présenté à M. Monmarché.

Rédacteur aux Guides Joanne, membre du Club Alpin, il m'aida très consciencieusement et avec entrain de son précieux et puissant concours.

Il voulut bien aussi présenter mon premier travail au C. A. F. qui lui réserva bon accueil.

Je n'ai rien oublié et je suis heureux de le remercier publiquement ici.

Maintenant une section du C. A. F. et un Syndicat d'Initiative existent à Castres et le T. C. F. a depuis longtemps ses représentants dans la région.

J'apporte ma contribution individuelle aux efforts collectifs de ces Sociétés qui, espérons-le, ne resteront pas sans résultats.

Raymond NAUZIÈRES

Mars 1905

Imprimerie
DU PROGRÈS
CASTRES

www.ingramcontent.com/pod-product-compliance
Ingram Content Group UK Ltd.
Pitfield, Milton Keynes, MK11 3LW, UK
UKHW020945180726
13838UKWH00003B/1144

9 782019 938574